한자능력 검정시험

기출·예상문제집

한국어문회가 직접 발간한 문제집

한자능력검정시험

머리말

우리의 글은 70% 이상이 한자로 이루어져 있다. 비록 우리말이 소리로 표시된다고 하더라도, 결국 그 표시의 근본이 한자였기 때문에 한글이 만들어지기 전까지는 우리의 모든 역사와 생활이 한자로 기록되었고, 한글 창제이후에도 대부분의 기록은 한자로 이루어졌다.
따라서 우리의 학문, 역사, 민속 등 모든 문화유산은 한자를 모르고는 정확히 이해할 수 없으며, 무엇보다 지금 당장의 생활과 공부를 위해서도 한자가 필요한 것이다.

그 동안 어문교육에 대한 이견으로 한자 교육의 방향성이 중심을 잡지 못하고 표류하였으나 아무리 한글전용이 기본이고 어려운 한자어를 우리말로 바꾸는 작업을 꾸준히 한다 하더라도 눈앞에 문장을 이해하지 못하고 어쩔 수 없이 사교육의 영역에서 한자를 공부하는 현실을 부인할 수 없는 것이다. 공교육의 영역에서 충실한 한자교육이 이루어지지 못하는 지금의 상황에서는 한자학습의 주요한 동기부여수단의 하나인 동시에 학습결과도 확인해볼 수 있는 한자능력검정시험의 역할이 더욱 중요하기 때문에, 우선적으로 시험을 위한 문제집으로서 이 책을 출간하게 되었다. 한자공부가 어렵게만 느껴지는 분들에게 이 책이 충분히 도움이 될 것으로 믿으며, 한자학습을 지도하는 부모님들이나 선생님들의 부담도 덜어줄 것이라고 감히 추천하는 바이다.

이 책의 구성

- **출제 및 합격기준**
- **출제유형분석** – 학습이나 지도의 가이드라인을 제시
- **배정한자 및 사자성어 수록**
- **반대자**
- **약자**
- **예상문제** – 기출문제분석에 의한 배정한자의 문제화
- **실제시험답안지** – 회별로 구성
- **최근 기출문제 8회분 수록**
- **배정한자 쓰기** – 50자 수록

이 책이 여러분들의 한자실력향상에 도움이 되기를 바란다.

편저자 씀

한자능력시험 급수별 출제기준

구 분	특급	특급Ⅱ	1급	2급	3급	3급Ⅱ	4급	4급Ⅱ	5급	5급Ⅱ	6급	6급Ⅱ	7급	7급Ⅱ	8급
읽기 배정 한자	5,978	4,918	3,500	2,355	1,817	1,500	1,000	750	500	400	300	225	150	100	50
쓰기 배정 한자	3,500	2,355	2,005	1,817	1,000	750	500	400	300	225	150	50	0	0	0
독 음	45	45	50	45	45	45	32	35	35	35	33	32	32	22	24
한자 쓰기	40	40	40	30	30	30	20	20	20	20	20	10	0	0	0
훈 음	27	27	32	27	27	27	22	22	23	23	22	29	30	30	24
완성형[성어]	10	10	15	10	10	10	5	5	4	4	3	2	2	2	0
반의어	10	10	10	10	10	10	3	3	3	3	3	2	2	2	0
뜻풀이	5	5	10	5	5	5	3	3	3	3	2	2	2	2	0
동음이의어	10	10	10	5	5	5	3	3	3	3	2	0	0	0	0
부 수	10	10	10	5	5	5	3	3	0	0	0	0	0	0	0
동의어	10	10	10	5	5	5	3	3	3	3	2	0	0	0	0
장단음	10	10	10	5	5	5	3	0	0	0	0	0	0	0	0
약 자	3	3	3	3	3	3	3	3	3	3	0	0	0	0	0
필 순	0	0	0	0	0	0	0	0	3	3	3	3	2	2	2
한 문	20	20	0	0	0	0	0	0	0	0	0	0	0	0	0

▸ 상위급수 한자는 모두 하위급수 한자를 포함하고 있습니다.

▸ 쓰기 배정 한자는 한두 급수 아래의 읽기 배정한자이거나 그 범위 내에 있습니다.

▸ 출제유형표는 기본지침자료로서, 출제자의 의도에 따라 차이가 있을 수 있습니다.

▸ 공인급수는 교육과학기술부로부터 국가공인자격 승인을 받은 특급・특급Ⅱ・1급・2급・3급・3급Ⅱ이며, 교육급수는 한국한자능력검정회에서 시행하는 민간자격인 4급・4급Ⅱ・5급・5급Ⅱ・6급・6급Ⅱ・7급・7급Ⅱ・8급입니다.

▸ 5급Ⅱ・7급Ⅱ는 신설 급수로 2010년 11월 13일 시험부터 적용됩니다.

▸ 6급Ⅱ 읽기 배정한자는 2010년 11월 13일 시험부터 300자에서 225자로 조정됩니다.

한자능력검정시험 합격기준

구 분	특급	특급Ⅱ	1급	2급	3급	3급Ⅱ	4급	4급Ⅱ	5급	5급Ⅱ	6급	6급Ⅱ	7급	7급Ⅱ	8급
출제문항수	200	200	200	150	150	150	100	100	100	100	90	80	70	60	50
합격문항수	160	160	160	105	105	105	70	70	70	70	63	56	49	42	35
시험시간	100분	100분	90분	60분	60분	60분	50분	50분	50분	50분	50분	50분	50분	50분	50분

▸ 특급, 특급Ⅱ, 1급은 출제 문항수의 80% 이상, 2급 ~ 8급은 70% 이상 득점하면 합격입니다.

차 례

유형분석(類型分析)

➔ 기출문제의 유형들을 분석하여 실제문제에 완벽히 대비할 수 있도록 하였습니다.

8級에서는 讀音(독음 : 읽는 소리), 訓(훈 : 뜻)과 音(음 : 소리), 筆順(필순 : 한자 낱글자의 쓰는 순서) 문제가 나오며 총 50문제가 출제된다.

우선 정해진 배정한자 50자 낱글자의 훈음을 모두 외우고, 쓰는 순서도 모두 익히면 기본 학습은 완성된 상태로 시험에 임할 수 있다.

시험에서 중요한 사항은 우선 출제자가 요구하는 답이 무엇인지 질문을 통해 확인하여야 한다. 기출문제를 풀어보면 알 수 있지만 대개 질문은 회차에 무관하게 각 급수별로 일정한 유형으로 정해져 있다. 따라서 기출문제를 통하여 질문에 익숙해져야 한다.

1 讀音(독음 : 읽는 소리) 문제는 대개 한자어를 중심으로 하고 다음과 같다.

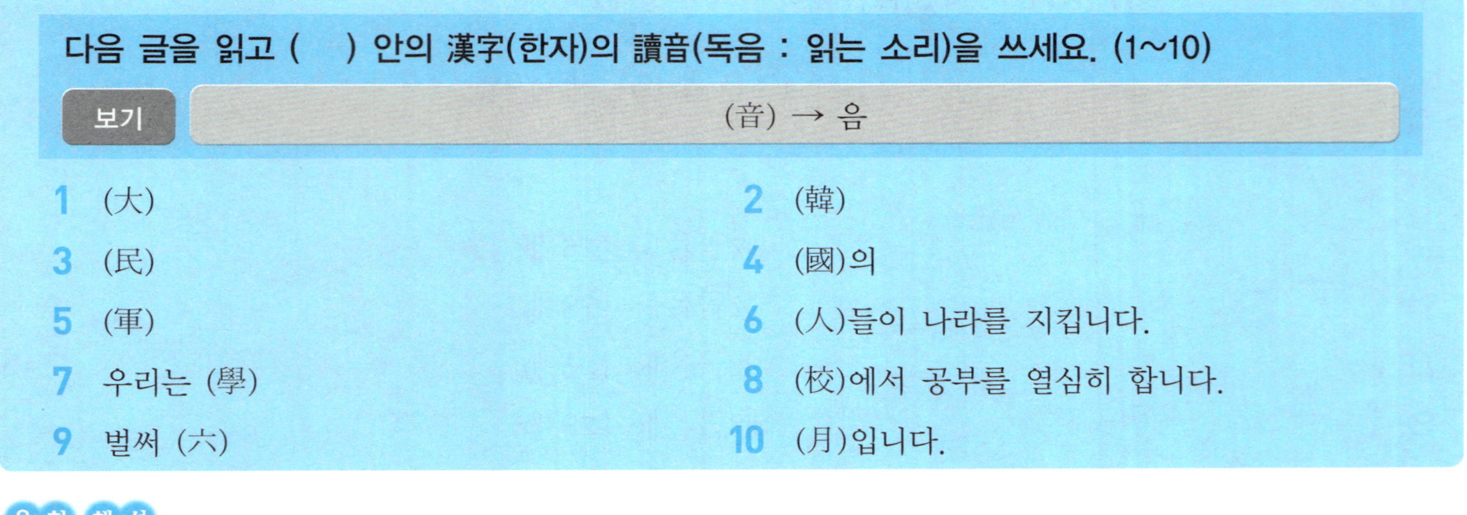

다음 글을 읽고 ( ) 안의 漢字(한자)의 讀音(독음 : 읽는 소리)을 쓰세요. (1~10)

보기: (音) → 음

1 (大)　　**2** (韓)

3 (民)　　**4** (國)의

5 (軍)　　**6** (人)들이 나라를 지킵니다.

7 우리는 (學)　　**8** (校)에서 공부를 열심히 합니다.

9 벌써 (六)　　**10** (月)입니다.

유형해설

이 문제들에 대하여 별도로 제공된 답안지에 번호를 따라서 답을 적으면 되는 것이다.

참고로 위의 大韓民國 등은 어린 수험생들이 문항번호를 인지하지 못하는 것을 고려하여 단어를 쪼개서 일렬로 나열하였지만 본래 한자어 단어의 소리를 묻는 것이고 한자 낱글자의 소리를 묻는 것이 아니라는 점에 주의하여야 한다.

문장이 '**9** (六) **10** (年)' 인 경우 답안지 **9**번에는 '육'으로 적어야 한다. '륙'으로 적으면 원칙상 틀린 답이 된다. 또 '여섯 륙' 등으로 훈음을 함께 적으면 안 된다. '六'은 본래 소리가 '륙'이지만 국어에는 두음법칙이 있어 첫소리에 'ㄹ'이 오는 것을 꺼리므로 '육'으로 하여야 한다. 물론 한자어가 '五六'으로 六이 뒤에 온다면 '오륙'으로 정상적으로 '륙'으로 답하면 된다. 위의 문장의 '**9** (六) **10** (月)'의 경우는 답안지 **9**번에 '유'로 적어야 한다. 속음이라 하여 국어에는 한국인이 소리내기 쉽게 한자음이 바뀌는 경우 등이 발생하며 이때는 바뀐 한자 소리를 우선하여야 한다. 이런 한자어들은 사례가 많지 않으므로 기본 지침서를 활용하여 익혀두면 된다.

8급 시험에도 두음법칙, 속음 등은 적용된다는 사실에 꼭 유념하여야 한다.

2 한자의 訓(훈 : 뜻)과 音(음 : 소리) 문제는 여러 유형으로 나뉘지만 한자의 뜻과 소리를 알고 있으면 풀 수 있다.

밑줄 친 낱말에 알맞은 漢字(한자)를 보기에서 찾아 그 번호를 쓰세요. (17~26)

보기				
① 五	② 七	③ 六	④ 八	⑤ 一
⑥ 十	⑦ 九	⑧ 二	⑨ 山	⑩ 北
⑪ 木	⑫ 東	⑬ 青	⑭ 南	⑮ 西

17 우리나라는 동쪽으로　　**18** 푸른 바다가 있고

19 서쪽에는 너른 들판이 있습니다.
20 남쪽에는 섬들이 많으며
21 북쪽에는
22 산들이 많습니다.
23 다섯
24 여섯
25 일곱
26 여덟

유형해설

여기의 17, 19, 20, 21, 22번은 한자의 소리를 중심으로 뜻을 알고 있으면 풀 수 있고, 18, 23, 24, 25, 26번은 제시된 뜻을 가진 한자를 찾아낼 수 있는 지를 묻는 문제이므로 한자의 뜻을 알고 있으면 풀 수 있다.

다음 漢字(한자)의 訓(훈 : 뜻)과 音(음 : 소리)을 쓰세요. (38~46)

보기: 天 → 하늘 천

38 金
39 寸
40 長
41 三
42 四
43 小
44 女
45 王
46 門

유형해설

여기의 문제는 한자의 訓(훈 : 뜻)과 音(음 : 소리)을 알고 있으면 그대로 답할 수 있는 것이다. 주의해야할 점은 역시 두음법칙 등에 해당하는 한자들이다. 위의 '44 女'를 예로 들면 만일 '女學生'이라는 한자어라면 소리가 '여학생'으로 '女'가 '여' 소리가 나고 그대로 적지만 여기의 '여'는 한자의 본래 소리가 아니라 국어의 두음법칙에 의하여 바뀐 소리라는 사실이다. 한자 낱글자의 訓(훈 : 뜻)과 音(음 : 소리)을 묻는 경우에는 한자의 본래 소리를 그대로 써 주어야 하므로 '계집 녀'로 정확히 '녀'로 답하여야 한다.

3 한자의 筆順(필순 : 한자 낱글자의 쓰는 순서) 문제는 한자 낱글자의 쓰는 순서를 알고 있으면 풀 수 있다.

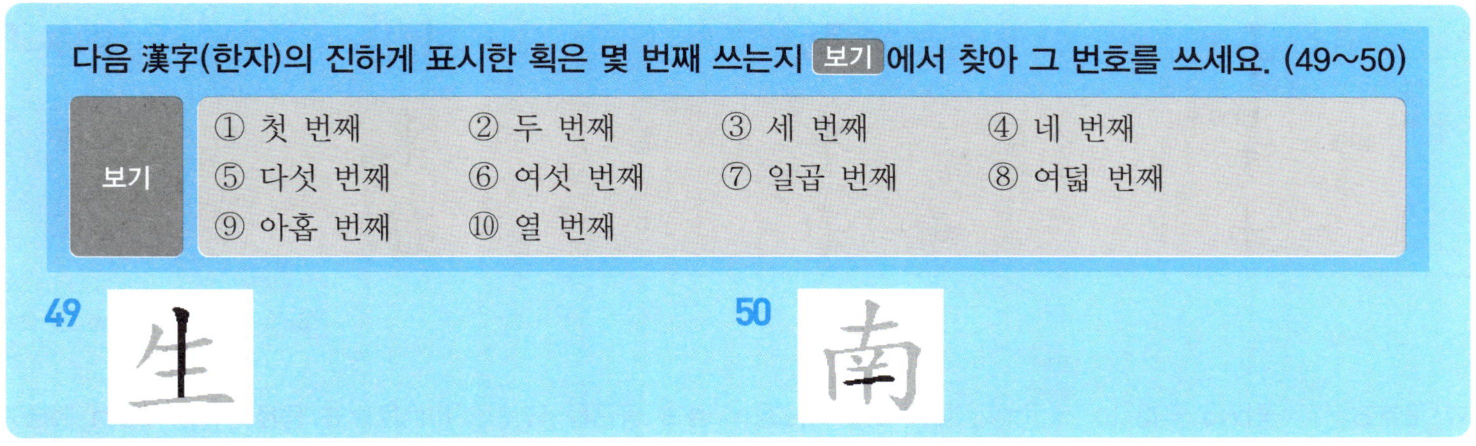

다음 漢字(한자)의 진하게 표시한 획은 몇 번째 쓰는지 보기에서 찾아 그 번호를 쓰세요. (49~50)

보기:
① 첫 번째 ② 두 번째 ③ 세 번째 ④ 네 번째
⑤ 다섯 번째 ⑥ 여섯 번째 ⑦ 일곱 번째 ⑧ 여덟 번째
⑨ 아홉 번째 ⑩ 열 번째

49 生
50 南

유형해설

위의 문제처럼 대개 특정 획을 지정하여 몇 번째 쓰는 획인지를 물어보므로 한자 낱글자의 쓰는 순서를 평소에 익혀둔 다면 무리 없이 답할 수 있다. 참고로 획수와 번호는 서로 일치되게 하였으므로 번호를 고를 때는 해당 획수와 일치하는 번호를 고르면 된다. 예로 다섯 번째 획이면 ⑤번을 고르면 된다.

배정한자(配定漢字)

8급(50자)

한자음 뒤에 나오는 ":"는 장음 표시입니다. "(:)"는 장단음 모두 사용되는 한자이며, ":"나 "(:)"이 없는 한자는 단음으로만 쓰입니다.

8급 배정한자(50자)

한자	훈	음	한자	훈	음	한자	훈	음	한자	훈	음
教	가르칠	교:	母	어미	모:	小	작을	소:	中	가운데	중
校	학교	교:	木	나무	목	水	물	수	青	푸를	청
九	아홉	구	門	문	문	室	집	실	寸	마디	촌:
國	나라	국	民	백성	민	十	열	십	七	일곱	칠
軍	군사	군	白	흰	백	五	다섯	오:	土	흙	토
金	쇠	금	父	아비	부	王	임금	왕	八	여덟	팔
	성(姓)	김	北	북녘	북	外	바깥	외:	學	배울	학
南	남녘	남		달아날	배:	月	달	월	韓	한국	한(:)
女	계집	녀	四	넉	사:	二	두	이:		나라	한(:)
年	해	년	山	메	산	人	사람	인	兄	형	형
大	큰	대(:)	三	석	삼	一	한	일	火	불	화(:)
東	동녘	동	生	날	생	日	날	일			
六	여섯	륙	西	서녘	서	長	긴	장(:)			
萬	일만	만:	先	먼저	선	弟	아우	제:			

☑ 8급 배정한자는 모두 50자로, 읽기 50자이며, 쓰기 배정한자는 없습니다. 가장 기초적인 한자들로 꼭 익혀 둡시다.

사자성어(四字成語)

國	民	年	金	일정 기간 또는 죽을 때까지 해마다 지급되는 일정액의 돈 (국민연금)
나라 국	백성 민	해 년	쇠 금	

三	三	五	五	서너 사람 또는 대여섯 사람이 떼를 지어 다니거나 무슨 일을 함
석 삼	석 삼	다섯 오	다섯 오	

大	韓	民	國	우리나라의 국호(나라이름)
큰 대	한나라 한	백성 민	나라 국	

生	年	月	日	태어난 해와 달과 날
날 생	해 년	달 월	날 일	

東	西	南	北	동쪽 · 서쪽 · 남쪽 · 북쪽이라는 뜻으로, 모든 방향을 이르는 말
동녘 동	서녘 서	남녘 남	북녘 북	

十	中	八	九	열 가운데 여덟이나 아홉 정도로 거의 대부분이거나 거의 틀림 없음
열 십	가운데 중	여덟 팔	아홉 구	

父	母	兄	弟	아버지 · 어머니 · 형 · 아우라는 뜻으로, 가족을 이르는 말
아비 부	어미 모	형 형	아우 제	

반대자(反對字) – 뜻이 반대되는 한자(漢字)

敎(교) 8급	↔	學(학) 8급	父(부) 8급	↔	母(모) 8급	日(일) 8급	↔	月(월) 8급
南(남) 8급	↔	北(북) 8급	北(북) 8급	↔	南(남) 8급	弟(제) 8급	↔	兄(형) 8급
大(대) 8급	↔	小(소) 8급	水(수) 8급	↔	火(화) 8급	中(중) 8급	↔	外(외) 8급
東(동) 8급	↔	西(서) 8급	月(월) 8급	↔	日(일) 8급	兄(형) 8급	↔	弟(제) 8급

약자(略字)

國 나라 국 – 国 8급

萬 일만 만: – 万 8급

學 배울 학 – 学 8급

한자능력검정시험

8급 예상문제

(1~9회)

- 예상문제(1~9회)
- 정답(49p~51p)

➔ 본 예상문제는 수험생들의 기억에 의하여 재생된 기출문제를 토대로 분석하고 연구하여 만든 문제입니다.

제1회

(社) 한국어문회 주관 · 한국한자능력검정회 시행

한자능력검정시험 8급 예상문제

문 항 수 : 50문항
합격문항 : 35문항
제한시간 : 50분

01 다음의 글을 읽고 (　) 안의 漢字(한자)의 讀音(독음: 읽는 소리)을 쓰세요. (1~10)

보기 (音) → 음

1 (五) [ ]
2 (月) [ ]
3 (八) [ ]
4 (日) [ ]
5 (土)요일에 [ ]
6 (父) [ ]
7 (母)님과 함께 [ ]
8 (南) [ ]
9 (大) [ ]
10 (門)에 갔습니다. [ ]

02 다음 밑줄 친 말에 해당하는 漢字(한자)를 〈보기〉에서 찾아 그 번호를 쓰세요. (11~20)

보기			
① 室	② 木	③ 白	④ 中
⑤ 北	⑥ 東	⑦ 青	⑧ 山
⑨ 先	⑩ 校		

11 우리 집 [ ]
12 동쪽 [ ]
13 학교 운동장의 [ ]
14 나무들 사이로 [ ]
15 푸른 하늘 [ ]
16 가운데 [ ]
17 흰 구름이 [ ]
18 북쪽 [ ]
19 산 너머로 [ ]
20 먼저 보였습니다. [ ]

03 다음 단어나 음(音: 소리)에 알맞은 漢字(한자)를 〈보기〉에서 찾아 그 번호를 쓰세요. (21~30)

보기			
① 七	② 國	③ 軍	④ 火
⑤ 教	⑥ 萬	⑦ 六	⑧ 民
⑨ 韓	⑩ 王		

21 교 [ ]
22 나라 [ ]
23 왕 [ ]
24 육 [ ]
25 만 [ ]
26 군 [ ]
27 한국/나라 [ ]
28 일곱 [ ]
29 백성 [ ]
30 불 [ ]

04 다음 漢字(한자)의 훈(訓: 뜻)과 음(音: 소리)을 쓰세요. (31~40)

보기 天 → 하늘 천

31 十 [ ]
32 學 [ ]
33 弟 [ ]
34 四 [ ]
35 年 [ ]
36 女 [ ]
37 寸 [ ]
38 三 [ ]
39 長 [ ]
40 兄 [ ]

05 다음 漢字(한자)의 훈(訓: 뜻)을 〈보기〉에서 찾아 그 번호를 쓰세요. (41~44)

보기 ① 바깥 ② 물 ③ 나다 ④ 서녘

41 西 [ ]

42 生 [ ]

43 水 [ ]

44 外 [ ]

06 다음 漢字(한자)의 음(音: 소리)을 〈보기〉에서 찾아 그 번호를 쓰세요. (45~48)

보기 ① 인 ② 구 ③ 소 ④ 금

45 九 [ ]

46 小 [ ]

47 人 [ ]

48 金 [ ]

07 다음 漢字(한자)의 진하게 표시한 획은 몇 번째 쓰는지 〈보기〉에서 찾아 그 번호를 쓰세요. (49~50)

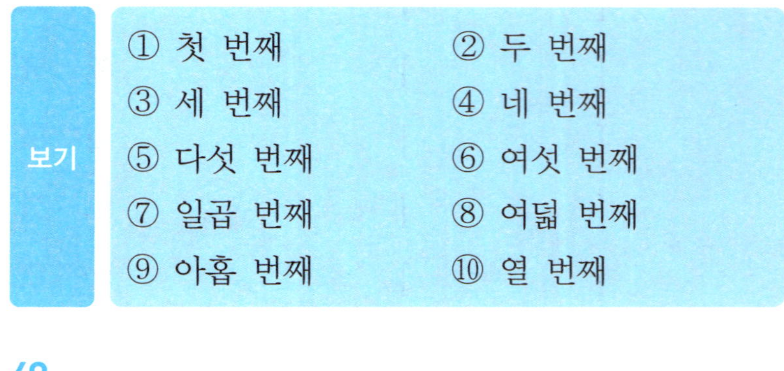

보기
① 첫 번째 ② 두 번째
③ 세 번째 ④ 네 번째
⑤ 다섯 번째 ⑥ 여섯 번째
⑦ 일곱 번째 ⑧ 여덟 번째
⑨ 아홉 번째 ⑩ 열 번째

49 學 [ ]

50 國 [ ]

수험번호 □□□-□□-□□□□□ 성명 □□□□□

생년월일 □□□□□□

※ 유성 싸인펜, 붉은색 필기구 사용 불가.

※ 답안지는 컴퓨터로 처리되므로 구기거나 더럽히지 마시고, 정답 칸 안에만 쓰십시오. 글씨가 채점란으로 들어오면 오답처리가 됩니다.

제 회 전국한자능력검정시험 8급 답안지(1) (시험시간 50분)

답 안 란		채점란		답 안 란		채점란	
번호	정답	1검	2검	번호	정답	1검	2검
1				13			
2				14			
3				15			
4				16			
5				17			
6				18			
7				19			
8				20			
9				21			
10				22			
11				23			
12				24			

감독위원	채점위원(1)		채점위원(2)		채점위원(3)	
(서명)	(득점)	(서명)	(득점)	(서명)	(득점)	(서명)

※ 뒷면으로 이어짐

사단법인 한국어문회 · 한국한자능력검정회 20 . ( ). ( ). 802

※ 답안지는 컴퓨터로 처리되므로 구기거나 더럽히지 마시고, 정답 칸 안에만 쓰십시오. 글씨가 채점란으로 들어오면 오답처리가 됩니다.

제 회 전국한자능력검정시험 8급 답안지(2)

답 안 란		채점란		답 안 란		채점란	
번호	정답	1검	2검	번호	정답	1검	2검
25				38			
26				39			
27				40			
28				41			
29				42			
30				43			
31				44			
32				45			
33				46			
34				47			
35				48			
36				49			
37				50			

제2회

(社) 한국어문회 주관 · 한국한자능력검정회 시행

한자능력검정시험 8급 예상문제

문 항 수 : 50문항
합격문항 : 35문항
제한시간 : 50분

01 다음 주어진 글을 읽고 ( ) 안의 漢字(한자)의 讀音(독음: 읽는 소리)을 쓰세요. (1~10)

보기 (音) → 음

1 (萬) [ ]
2 (室) [ ]
3 삼(寸)이 우리 집에 오셨습니다. [ ]
4 의좋은 형(弟) [ ]
5 (軍)인 [ ]
6 학(校) [ ]
7 (土)지 [ ]
8 (韓)민족 [ ]
9 (敎)육 [ ]
10 황(金) [ ]

02 다음 밑줄 친 말에 해당하는 漢字(한자)를 〈보기〉에서 찾아 그 번호를 쓰세요. (11~20)

보기

① 學	② 外	③ 月	④ 四
⑤ 白	⑥ 大	⑦ 年	⑧ 八
⑨ 木	⑩ 青		

11 모두 여덟 명이 모였습니다. [ ]
12 경계선 밖으로 나가야 합니다. [ ]
13 사람은 배우고 익혀야 합니다. [ ]
14 달이 참 밝습니다. [ ]
15 올 해에는 공부를 더 열심히 하겠습니다. [ ]
16 산에는 나무가 많습니다. [ ]
17 뭉게구름이 하얗습니다. [ ]
18 푸른 하늘을 봅니다. [ ]
19 친구는 네 명입니다. [ ]
20 크고 작은 섬들이 보입니다. [ ]

03 다음 말에 알맞은 漢字(한자)를 〈보기〉에서 찾아 그 번호를 쓰세요. (21~30)

보기

① 九	② 日	③ 小	④ 人
⑤ 先	⑥ 火	⑦ 北	⑧ 五
⑨ 母	⑩ 七		

21 북쪽 [ ]
22 사람 [ ]
23 일곱 [ ]
24 다섯 [ ]
25 먼저 [ ]
26 작다 [ ]
27 아홉 [ ]
28 어머니 [ ]
29 불 [ ]
30 해 [ ]

04 다음 글을 읽고 밑줄 친 말에 해당하는 漢字(한자)를 〈보기〉에서 찾아 그 번호를 쓰세요. (31~40)

보기

① 南	② 門	③ 山	④ 長
⑤ 兄	⑥ 國	⑦ 父	⑧ 十
⑨ 西	⑩ 中		

31 깊은 산 속에 [ ]
32 남쪽과 [ ]
33 서쪽으로 가는 길이 있었습니다. [ ]
34 아버지와 [ ]
35 형과 함께 [ ]
36 담도 문도 없는 집 앞의 [ ]
37 연못 가운데로 [ ]
38 긴 낚싯대를 드리웠습니다. [ ]

39 <u>나라</u>를 지킨 [ ]

40 열 분의 이야기가 실린 책입니다. [ ]

05 다음 漢字(한자)의 훈(訓: 뜻)이나 음(音: 소리)을 〈보기〉에서 찾아 그 번호를 쓰세요. (41~48)

보기

① 생 ② 왕 ③ 여섯 ④ 이
⑤ 동녘 ⑥ 녀 ⑦ 삼 ⑧ 백성

41 東 [ ]

42 民 [ ]

43 二 [ ]

44 女 [ ]

45 生 [ ]

46 王 [ ]

47 六 [ ]

48 三 [ ]

06 다음 漢字(한자)의 진하게 표시한 획은 몇 번째 쓰는지 〈보기〉에서 찾아 그 번호를 쓰세요. (49~50)

보기

① 첫 번째 ② 두 번째
③ 세 번째 ④ 네 번째
⑤ 다섯 번째 ⑥ 여섯 번째
⑦ 일곱 번째 ⑧ 여덟 번째
⑨ 아홉 번째 ⑩ 열 번째
⑪ 열한 번째

49 教 [ ]

50 西 [ ]

수험번호 □□□-□□-□□□□□ 성명 □□□□□

생년월일 □□□□□□ ※ 유성 싸인펜, 붉은색 필기구 사용 불가.

※ 답안지는 컴퓨터로 처리되므로 구기거나 더럽히지 마시고, 정답 칸 안에만 쓰십시오. 글씨가 채점란으로 들어오면 오답처리가 됩니다.

제 회 전국한자능력검정시험 8급 답안지(1) (시험시간 50분)

답안란		채점란		답안란		채점란	
번호	정답	1검	2검	번호	정답	1검	2검
1				13			
2				14			
3				15			
4				16			
5				17			
6				18			
7				19			
8				20			
9				21			
10				22			
11				23			
12				24			

감독위원	채점위원(1)		채점위원(2)		채점위원(3)	
(서명)	(득점)	(서명)	(득점)	(서명)	(득점)	(서명)

※ 뒷면으로 이어짐

※ 답안지는 컴퓨터로 처리되므로 구기거나 더럽히지 마시고, 정답 칸 안에만 쓰십시오. 글씨가 채점란으로 들어오면 오답처리가 됩니다.

제　　회 전국한자능력검정시험 8급 답안지(2)

답안란		채점란		답안란		채점란	
번호	정답	1검	2검	번호	정답	1검	2검
25				38			
26				39			
27				40			
28				41			
29				42			
30				43			
31				44			
32				45			
33				46			
34				47			
35				48			
36				49			
37				50			

제3회 한자능력검정시험 8급 예상문제

(社) 한국어문회 주관 · 한국한자능력검정회 시행

문 항 수 : 50문항
합격문항 : 35문항
제한시간 : 50분

01 다음 주어진 글을 읽고 ( ) 안의 漢字(한자)의 讀音(독음: 읽는 소리)을 쓰세요. (1~16)

보기 | (音) → 음

1 (學) [ ]
2 (校)에서 운동회를 합니다. [ ]
3 (靑)군과 [ ]
4 (白)군이 달렸습니다. [ ]
5 (先) [ ]
6 (生)님이 손뼉을 쳤습니다. [ ]
7 (萬) [ ]
8 (國)기도 펄럭였습니다. [ ]
9 (十) [ ]
10 (月) [ ]
11 (三) [ ]
12 (日)은 개천절입니다. [ ]
13 (父) [ ]
14 (母)님과 [ ]
15 (中)학생 [ ]
16 (兄)과 박물관에 갔습니다. [ ]

02 다음 밑줄 친 말에 해당하는 漢字(한자)를 〈보기〉에서 찾아 그 번호를 쓰세요. (17~32)

보기

① 東	② 四	③ 南	④ 人
⑤ 水	⑥ 小	⑦ 金	⑧ 女
⑨ 五	⑩ 王	⑪ 土	⑫ 門
⑬ 大	⑭ 弟	⑮ 木	⑯ 山

17 여자 선수가 [ ]
18 금메달을 차지했습니다. [ ]
19 작은 화분이 [ ]
20 남쪽 창가에서 보입니다. [ ]
21 아우에게 [ ]
22 다섯 개의 [ ]
23 문을 지나가라고 [ ]
24 임금님은 말하였습니다. [ ]
25 큰 [ ]
26 나무를 오르는 [ ]
27 사람이 있습니다. [ ]
28 물이 [ ]
29 산 너머 [ ]
30 동쪽으로 흐릅니다. [ ]
31 네 개의 씨앗을 [ ]
32 흙 속에 심었습니다. [ ]

03 다음 말에 알맞은 漢字(한자)를 〈보기〉에서 찾아 그 번호를 쓰세요. (33~40)

보기

① 民	② 室	③ 北	④ 八
⑤ 西	⑥ 外	⑦ 火	⑧ 寸

33 집 [ ]
34 서녘 [ ]
35 북녘 [ ]
36 바깥 [ ]
37 불 [ ]
38 백성 [ ]
39 여덟 [ ]
40 마디 [ ]

04 다음 漢字(한자)의 훈(訓: 뜻)이나 음(音: 소리)을 〈보기〉에서 찾아 그 번호를 쓰세요. (41~48)

보기			
① 아홉	② 년	③ 군사	④ 교
⑤ 일곱	⑥ 한	⑦ 륙	⑧ 길다

41 教 [ ]

42 軍 [ ]

43 九 [ ]

44 韓 [ ]

45 年 [ ]

46 六 [ ]

47 長 [ ]

48 七 [ ]

05 다음 漢字(한자)의 진하게 표시한 획은 몇 번째 쓰는지 〈보기〉에서 찾아 그 번호를 쓰세요. (49~50)

보기	
① 첫 번째	② 두 번째
③ 세 번째	④ 네 번째
⑤ 다섯 번째	⑥ 여섯 번째
⑦ 일곱 번째	⑧ 여덟 번째
⑨ 아홉 번째	⑩ 열 번째
⑪ 열한 번째	⑫ 열두 번째
⑬ 열세 번째	⑭ 열네 번째

49 韓 [ ]

50 軍 [ ]

■ 사단법인 한국어문회 · 한국한자능력검정회　　20 . ( ). ( ).　　8 0 1

수험번호 □□□-□□-□□□□□　　성명 □□□□□

생년월일 □□□□□□

※ 유성 싸인펜, 붉은색 필기구 사용 불가.

※ 답안지는 컴퓨터로 처리되므로 구기거나 더럽히지 마시고, 정답 칸 안에만 쓰십시오. 글씨가 채점란으로 들어오면 오답처리가 됩니다.

제 회 전국한자능력검정시험 8급 답안지(1) (시험시간 50분)

답 안 란		채점란		답 안 란		채점란	
번호	정답	1검	2검	번호	정답	1검	2검
1				13			
2				14			
3				15			
4				16			
5				17			
6				18			
7				19			
8				20			
9				21			
10				22			
11				23			
12				24			

감독위원	채점위원(1)		채점위원(2)		채점위원(3)	
(서명)	(득점)	(서명)	(득점)	(서명)	(득점)	(서명)

※ 뒷면으로 이어짐

※ 답안지는 컴퓨터로 처리되므로 구기거나 더럽히지 마시고, 정답 칸 안에만 쓰십시오. 글씨가 채점란으로 들어오면 오답처리가 됩니다.

제 회 전국한자능력검정시험 8급 답안지(2)

답 안 란		채점란		답 안 란		채점란	
번호	정답	1검	2검	번호	정답	1검	2검
25				38			
26				39			
27				40			
28				41			
29				42			
30				43			
31				44			
32				45			
33				46			
34				47			
35				48			
36				49			
37				50			

제4회 한자능력검정시험 8급 예상문제

(社) 한국어문회 주관 · 한국한자능력검정회 시행

문 항 수 : 50문항
합격문항 : 35문항
제한시간 : 50분

01 다음의 글을 읽고 ( ) 안의 漢字(한자)의 讀音(독음: 읽는 소리)을 쓰세요. (1~10)

보기 (音) → 음

1 (軍) [ ]
2 (人) 아저씨들이 [ ]
3 동네 (靑) [ ]
4 (年)들과 [ ]
5 (學) [ ]
6 (校) 운동장에서 공을 찹니다. [ ]
7 어린 학생들이 (先) [ ]
8 (生)님과 함께 [ ]
9 (敎) [ ]
10 (室) 청소를 합니다. [ ]

02 다음 밑줄 친 말에 해당하는 漢字(한자)를 〈보기〉에서 찾아 그 번호를 쓰세요. (11~20)

보기
① 兄 ② 父 ③ 水 ④ 弟
⑤ 小 ⑥ 火 ⑦ 日 ⑧ 東
⑨ 門 ⑩ 大

11 해가 동쪽 하늘에 떠오릅니다. [ ]
12 해가 서산으로 넘어 갑니다. [ ]
13 형이 동생을 쫓아갑니다. [ ]
14 도망가던 동생이 넘어졌습니다. [ ]
15 어른들의 부주의로 산불이 났습니다. [ ]
16 소방관이 물을 뿌려 산불을 끕니다. [ ]
17 방문이 스스로 열립니다. [ ]
18 열린 문을 아버지가 닫았습니다. [ ]
19 철수는 키가 반에서 제일 큽니다. [ ]
20 철수가 멘 가방은 아주 작습니다. [ ]

03 다음 단어나 음(音: 소리)에 알맞은 漢字(한자)를 〈보기〉에서 찾아 그 번호를 쓰세요. (21~30)

보기
① 母 ② 山 ③ 土 ④ 六
⑤ 中 ⑥ 五 ⑦ 一 ⑧ 木
⑨ 王 ⑩ 國

21 나라 [ ]
22 임금 [ ]
23 나무 [ ]
24 가운데 [ ]
25 하나 [ ]
26 산 [ ]
27 여섯 [ ]
28 흙 [ ]
29 다섯 [ ]
30 어머니 [ ]

04 다음 漢字(한자)의 훈(訓: 뜻)과 음(音: 소리)을 쓰세요. (31~40)

보기 天 → 하늘 천

31 八 [ ]
32 南 [ ]
33 民 [ ]
34 三 [ ]
35 九 [ ]
36 萬 [ ]
37 十 [ ]
38 外 [ ]
39 四 [ ]
40 寸 [ ]

05 다음 漢字(한자)의 훈(訓: 뜻)을 〈보기〉에서 찾아 그 번호를 쓰세요. (41~44)

보기 ① 둘 ② 일곱 ③ 달 ④ 쇠

41 金 [ ]

42 二 [ ]

43 月 [ ]

44 七 [ ]

06 다음 漢字(한자)의 음(音: 소리)을 〈보기〉에서 찾아 그 번호를 쓰세요. (45~48)

보기 ① 녀 ② 장 ③ 한 ④ 백

45 白 [ ]

46 女 [ ]

47 長 [ ]

48 韓 [ ]

07 다음 漢字(한자)의 진하게 표시한 획은 몇 번째 쓰는지 〈보기〉에서 찾아 그 번호를 쓰세요. (49~50)

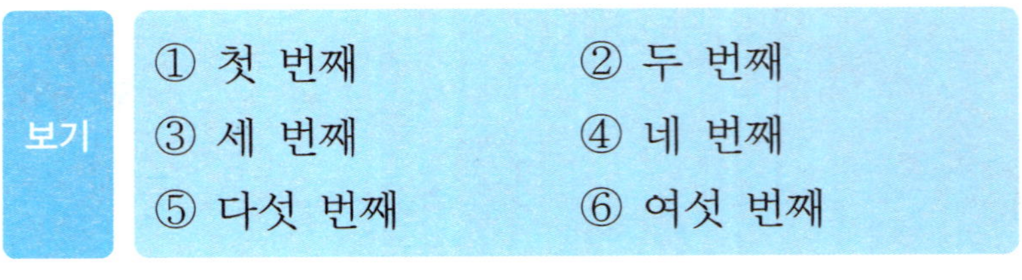
보기
① 첫 번째 ② 두 번째
③ 세 번째 ④ 네 번째
⑤ 다섯 번째 ⑥ 여섯 번째

49 西 [ ]

50 北 [ ]

수험번호 □□□-□□-□□□□□ 성명 □□□□□

생년월일 □□□□□□

※ 유성 싸인펜, 붉은색 필기구 사용 불가.

※ 답안지는 컴퓨터로 처리되므로 구기거나 더럽히지 마시고, 정답 칸 안에만 쓰십시오. 글씨가 채점란으로 들어오면 오답처리가 됩니다.

제 회 전국한자능력검정시험 8급 답안지(1) (시험시간 50분)

답 안 란		채점란		답 안 란		채점란	
번호	정답	1검	2검	번호	정답	1검	2검
1				13			
2				14			
3				15			
4				16			
5				17			
6				18			
7				19			
8				20			
9				21			
10				22			
11				23			
12				24			

감독위원	채점위원(1)		채점위원(2)		채점위원(3)	
(서명)	(득점)	(서명)	(득점)	(서명)	(득점)	(서명)

※ 뒷면으로 이어짐

사단법인 한국어문회 · 한국한자능력검정회　　20 . (　). (　).　　802

※ 답안지는 컴퓨터로 처리되므로 구기거나 더럽히지 마시고, 정답 칸 안에만 쓰십시오. 글씨가 채점란으로 들어오면 오답처리가 됩니다.

제　회 전국한자능력검정시험 8급 답안지(2)

답 안 란		채점란		답 안 란		채점란	
번호	정답	1검	2검	번호	정답	1검	2검
25				38			
26				39			
27				40			
28				41			
29				42			
30				43			
31				44			
32				45			
33				46			
34				47			
35				48			
36				49			
37				50			

제5회 한자능력검정시험 8급 예상문제

(社) 한국어문회 주관 · 한국한자능력검정회 시행

문 항 수 : 50문항
합격문항 : 35문항
제한시간 : 50분

01 다음의 글을 읽고 (　) 안의 漢字(한자)의 讀音(독음: 읽는 소리)을 쓰세요. (1~10)

보기 | (音) → 음

1 올림픽에서 (韓) [　　]
2 (國) [　　]
3 (女)자 선수는 [　　]
4 (金) 메달을 땄는데 [　　]
5 (外)국 선수는 [　　]
6 (中)국이 실격하였다. [　　]
7 (兄)과 나는 [　　]
8 (萬)세를 불렀고, [　　]
9 (父) [　　]
10 (母)님은 눈물을 흘렸다. [　　]

02 다음 밑줄 친 말에 해당하는 漢字(한자)를 〈보기〉에서 찾아 그 번호를 쓰세요. (11~20)

보기 | ① 西 ② 校 ③ 東 ④ 木 ⑤ 日 ⑥ 北 ⑦ 南 ⑧ 門 ⑨ 山 ⑩ 小

11 밝은 해가 [　　]
12 동쪽 [　　]
13 산 너머에 뜨면 [　　]
14 북쪽으로 [　　]
15 학교 가는 길이 보입니다. [　　]
16 우리 집 문은 [　　]
17 남쪽으로 나있고 [　　]
18 서쪽 마당에는 [　　]
19 작은 [　　]
20 나무가 자랍니다. [　　]

03 다음 단어나 음(音: 소리)에 알맞은 漢字(한자)를 〈보기〉에서 찾아 그 번호를 쓰세요. (21~30)

보기 | ① 七 ② 長 ③ 弟 ④ 火 ⑤ 土 ⑥ 十 ⑦ 六 ⑧ 民 ⑨ 年 ⑩ 王

21 년 [　　]
22 아우 [　　]
23 임금 [　　]
24 여섯 [　　]
25 길다 [　　]
26 토 [　　]
27 열 [　　]
28 칠 [　　]
29 민 [　　]
30 불 [　　]

04 다음 漢字(한자)의 훈(訓: 뜻)과 음(音: 소리)을 쓰세요. (31~40)

보기 | 天 → 하늘 천

31 軍 [　　]
32 大 [　　]
33 白 [　　]
34 九 [　　]
35 先 [　　]
36 三 [　　]
37 青 [　　]
38 四 [　　]
39 生 [　　]
40 教 [　　]

05 다음 漢字(한자)의 훈(訓: 뜻)을 〈보기〉에서 찾아 그 번호를 쓰세요. (41~44)

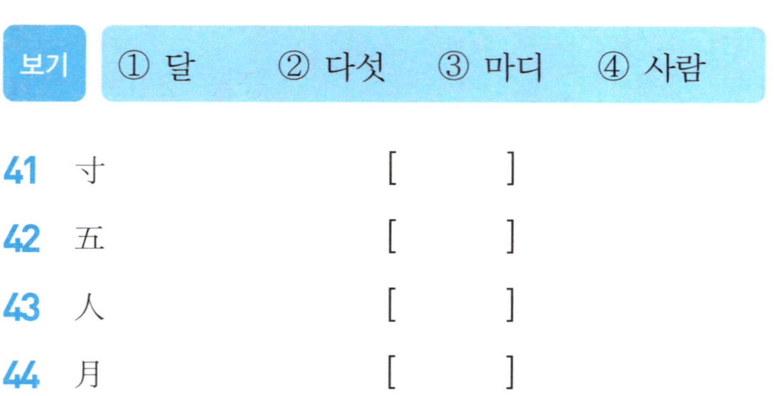

보기: ① 달 ② 다섯 ③ 마디 ④ 사람

41 寸 [ ]

42 五 [ ]

43 人 [ ]

44 月 [ ]

06 다음 漢字(한자)의 음(音: 소리)을 〈보기〉에서 찾아 그 번호를 쓰세요. (45~48)

보기: ① 수 ② 실 ③ 학 ④ 팔

45 室 [ ]

46 水 [ ]

47 八 [ ]

48 學 [ ]

07 다음 漢字(한자)의 진하게 표시한 획은 몇 번째 쓰는지 〈보기〉에서 찾아 그 번호를 쓰세요. (49~50)

보기:
① 첫 번째 ② 두 번째
③ 세 번째 ④ 네 번째
⑤ 다섯 번째 ⑥ 여섯 번째
⑦ 일곱 번째 ⑧ 여덟 번째
⑨ 아홉 번째 ⑩ 열 번째

49 母 [ ]

50 青 [ ]

수험번호 □□□-□□-□□□□　　**성명** □□□□□

생년월일 □□□□□□　　※ 유성 싸인펜, 붉은색 필기구 사용 불가.

※ 답안지는 컴퓨터로 처리되므로 구기거나 더럽히지 마시고, 정답 칸 안에만 쓰십시오. 글씨가 채점란으로 들어오면 오답처리가 됩니다.

제 회 전국한자능력검정시험 8급 답안지(1) (시험시간 50분)

답 안 란		채점란		답 안 란		채점란	
번호	정답	1검	2검	번호	정답	1검	2검
1				13			
2				14			
3				15			
4				16			
5				17			
6				18			
7				19			
8				20			
9				21			
10				22			
11				23			
12				24			

감독위원	채점위원(1)		채점위원(2)		채점위원(3)	
(서명)	(득점)	(서명)	(득점)	(서명)	(득점)	(서명)

※ 뒷면으로 이어짐

※ 답안지는 컴퓨터로 처리되므로 구기거나 더럽히지 마시고, 정답 칸 안에만 쓰십시오. 글씨가 채점란으로 들어오면 오답처리가 됩니다.

제 회 전국한자능력검정시험 8급 답안지(2)

답 안 란		채점란		답 안 란		채점란	
번호	정답	1검	2검	번호	정답	1검	2검
25				38			
26				39			
27				40			
28				41			
29				42			
30				43			
31				44			
32				45			
33				46			
34				47			
35				48			
36				49			
37				50			

제6회

(社) 한국어문회 주관 · 한국한자능력검정회 시행

한자능력검정시험 8급 예상문제

문 항 수 : 50문항
합격문항 : 35문항
제한시간 : 50분

01 다음 주어진 글을 읽고 (　) 안의 漢字(한자)의 讀音(독음: 읽는 소리)을 쓰세요. (1~10)

보기	(音) → 음

1 (青)소년들은 미래의 희망입니다. [ ]

2 의사는 환자의 (生)명을 가장 우선시해야 한다. [ ]

3 학교에서 이루어지는 (敎)육이 매우 중요하다. [ ]

4 우리 민족은 흰 옷을 즐겨 입어 (白)의민족으로 불리기도 했다. [ ]

5 내일 개최되는 학(父)모 회의에 많이 참석해 주십시오. [ ]

6 동양 최(大) 규모의 경기장을 건설합니다. [ ]

7 수업 시간에 재미있는 (學)습 활동을 했다. [ ]

8 정치는 항상 (民)심을 따라야 합니다. [ ]

9 졸업생 (先)배들이 학교에 와서 후배들에게 자기 경험을 말했습니다. [ ]

10 이번 전시회에 (東)서양의 대표 작품들이 전시됩니다. [ ]

02 다음 밑줄 친 말에 해당하는 漢字(한자)를 〈보기〉에서 찾아 그 번호를 쓰세요. (11~20)

보기				
	① 七	② 弟	③ 火	④ 外
	⑤ 校	⑥ 國	⑦ 年	⑧ 母
	⑨ 月	⑩ 土		

11 매년 1월 1일에 새로운 해가 시작된다. [ ]

12 형과 아우는 사이좋게 지내야 한다. [ ]

13 아이들이 바깥에서 뛰어 논다. [ ]

14 오늘밤에는 둥근 보름달을 볼 수 있다. [ ]

15 군인들은 나라를 지키기 위해 싸운다. [ ]

16 가랑잎을 모아서 불을 붙였다. [ ]

17 일곱 명의 난쟁이가 백설공주를 발견했다. [ ]

18 아기가 어머니의 품에 안겨 잠들었다. [ ]

19 학교 생활이 즐겁다. [ ]

20 삽으로 흙을 파서 웅덩이를 메꾸었다. [ ]

03 다음 말에 알맞은 漢字(한자)를 〈보기〉에서 찾아 그 번호를 쓰세요. (21~30)

보기				
	① 八	② 王	③ 中	④ 韓
	⑤ 南	⑥ 金	⑦ 軍	⑧ 室
	⑨ 木	⑩ 日		

21 가운데 [ ]

22 남녘 [ ]

23 집 [ ]

24 군사 [ ]

25 쇠/성 [ ]

26 여덟 [ ]

27 임금 [ ]

28 나무 [ ]

29 한국/나라 [ ]

30 날 [ ]

04 다음 漢字(한자)의 훈(訓: 뜻)과 음(音: 소리)을 쓰세요. (31~40)

보기	天 → 하늘 천

31 山 [　　　]

32 一 [　　　]

33 萬 [　　　]

34 四 [　　　]

35 女 [　　　]

36 五 [　　　]

37 北 [　　　]

38 兄 [　　　]

39 三 [　　　]

40 小 [　　　]

05 다음 漢字(한자)의 훈(訓: 뜻)이나 음(音: 소리)을 〈보기〉에서 찾아 그 번호를 쓰세요. (41~48)

보기				
	① 문	② 마디	③ 아홉	④ 물
	⑤ 사람	⑥ 두	⑦ 여섯	⑧ 열

41 水 [　　]

42 六 [　　]

43 寸 [　　]

44 十 [　　]

45 人 [　　]

46 門 [　　]

47 二 [　　]

48 九 [　　]

06 다음 漢字(한자)의 진하게 표시한 획은 몇 번째 쓰는지 〈보기〉에서 찾아 그 번호를 쓰세요. (49~50)

보기		
	① 첫 번째	② 두 번째
	③ 세 번째	④ 네 번째
	⑤ 다섯 번째	⑥ 여섯 번째
	⑦ 일곱 번째	⑧ 여덟 번째

49 西 [　　]

50 長 [　　]

수험번호 □□□-□□-□□□□□　　성명 □□□□□

생년월일 □□□□□□

※ 유성 싸인펜, 붉은색 필기구 사용 불가.

※ 답안지는 컴퓨터로 처리되므로 구기거나 더럽히지 마시고, 정답 칸 안에만 쓰십시오. 글씨가 채점란으로 들어오면 오답처리가 됩니다.

제　회 전국한자능력검정시험 8급 답안지(1)　(시험시간 50분)

답 안 란		채점란		답 안 란		채점란	
번호	정답	1검	2검	번호	정답	1검	2검
1				13			
2				14			
3				15			
4				16			
5				17			
6				18			
7				19			
8				20			
9				21			
10				22			
11				23			
12				24			

감독위원	채점위원(1)		채점위원(2)		채점위원(3)	
(서명)	(득점)	(서명)	(득점)	(서명)	(득점)	(서명)

※ 뒷면으로 이어짐

※ 답안지는 컴퓨터로 처리되므로 구기거나 더럽히지 마시고, 정답 칸 안에만 쓰십시오. 글씨가 채점란으로 들어오면 오답처리가 됩니다.

제　　회 전국한자능력검정시험 8급 답안지(2)

답 안 란		채점란		답 안 란		채점란	
번호	정답	1검	2검	번호	정답	1검	2검
25				38			
26				39			
27				40			
28				41			
29				42			
30				43			
31				44			
32				45			
33				46			
34				47			
35				48			
36				49			
37				50			

제7회

(社) 한국어문회 주관 · 한국한자능력검정회 시행

한자능력검정시험 8급 예상문제

문 항 수 : 50문항
합격문항 : 35문항
제한시간 : 50분

01 다음 글을 읽고 (   ) 안의 漢字(한자)의 讀音(독음: 읽는 소리)을 쓰세요. (1~10)

보기 (音) → 음

1 우리 학(校)는 [ ]
2 (學) [ ]
3 (父) [ ]
4 (母) [ ]
5 (兄) [ ]
6 (弟)를 모시고 운동회를 합니다. [ ]
7 학(生)들은 [ ]
8 (靑)군 이겨라, [ ]
9 (白) [ ]
10 (軍) 이겨라 응원을 합니다. [ ]

02 다음 밑줄 친 말에 해당하는 漢字(한자)를 〈보기〉에서 찾아 그 번호를 쓰세요. (11~20)

보기
① 敎 ② 萬 ③ 西 ④ 室
⑤ 王 ⑥ 中 ⑦ 長 ⑧ 先
⑨ 月 ⑩ 金

11 이 돈으로 먼저 책을 사라. [ ]
12 해가 서녘 하늘로 넘어갑니다. [ ]
13 강 가운데 배가 떠 있습니다. [ ]
14 둥근 보름달이 떠오릅니다. [ ]
15 선생님께서 학생들을 가르치십니다. [ ]
16 우리나라는 긴 역사를 가지고 있습니다. [ ]
17 쇠가 녹이 슬었습니다. [ ]
18 이웃돕기 성금으로 만원을 냈습니다. [ ]
19 세종대왕은 조선 4대 임금입니다. [ ]
20 우리 집은 학교 옆에 있습니다. [ ]

03 다음 말에 알맞은 漢字(한자)를 〈보기〉에서 찾아 그 번호를 쓰세요. (21~30)

보기
① 水 ② 民 ③ 一 ④ 門
⑤ 南 ⑥ 國 ⑦ 東 ⑧ 人
⑨ 土 ⑩ 六

21 흙 [ ]
22 나라 [ ]
23 물 [ ]
24 하나 [ ]
25 사람 [ ]
26 문 [ ]
27 동쪽 [ ]
28 여섯 [ ]
29 백성 [ ]
30 남쪽 [ ]

04 다음 漢字(한자)의 훈(訓: 뜻)과 음(音: 소리)을 쓰세요. (31~40)

보기 天 → 하늘 천

31 大 [ ]
32 女 [ ]
33 二 [ ]
34 外 [ ]
35 十 [ ]
36 日 [ ]
37 山 [ ]
38 三 [ ]
39 八 [ ]
40 小 [ ]

05 다음 漢字(한자)의 훈(訓: 뜻)을 〈보기〉에서 찾아 그 번호를 쓰세요. (41~44)

보기 ① 마디 ② 나무 ③ 아홉 ④ 다섯

41 五 [ ]

42 寸 [ ]

43 九 [ ]

44 木 [ ]

06 다음 漢字(한자)의 음(音: 소리)을 〈보기〉에서 찾아 그 번호를 쓰세요. (45~48)

보기 ① 년 ② 한 ③ 사 ④ 칠

45 年 [ ]

46 七 [ ]

47 韓 [ ]

48 四 [ ]

07 다음 漢字(한자)의 진하게 표시한 획은 몇 번째 쓰는지 〈보기〉에서 찾아 그 번호를 쓰세요. (49~50)

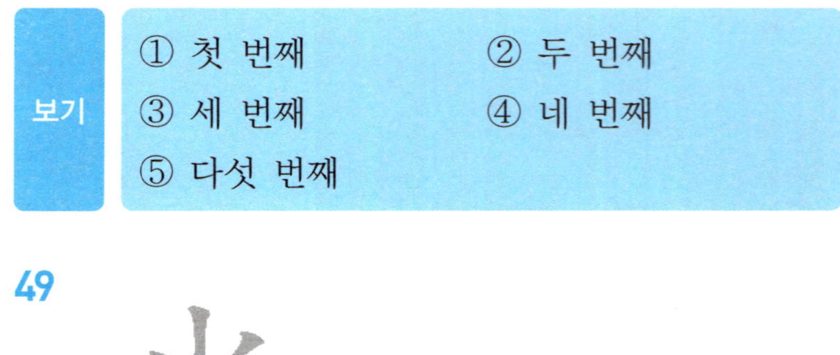

보기
① 첫 번째 ② 두 번째
③ 세 번째 ④ 네 번째
⑤ 다섯 번째

49 火 [ ]

50 北 [ ]

■ 사단법인 한국어문회 · 한국한자능력검정회　　20 . ( ). ( ).　　8 0 1 ■

수험번호 □□□-□□-□□□□　　성명 □□□□□

생년월일 □□□□□□

※ 유성 싸인펜, 붉은색 필기구 사용 불가.

※ 답안지는 컴퓨터로 처리되므로 구기거나 더럽히지 마시고, 정답 칸 안에만 쓰십시오. 글씨가 채점란으로 들어오면 오답처리가 됩니다.

제 회 전국한자능력검정시험 8급 답안지(1) (시험시간 50분)

답안란		채점란		답안란		채점란	
번호	정답	1검	2검	번호	정답	1검	2검
1				13			
2				14			
3				15			
4				16			
5				17			
6				18			
7				19			
8				20			
9				21			
10				22			
11				23			
12				24			

감독위원	채점위원(1)		채점위원(2)		채점위원(3)	
(서명)	(득점)	(서명)	(득점)	(서명)	(득점)	(서명)

■　　※ 뒷면으로 이어짐 ■

※ 답안지는 컴퓨터로 처리되므로 구기거나 더럽히지 마시고, 정답 칸 안에만 쓰십시오. 글씨가 채점란으로 들어오면 오답처리가 됩니다.

제 회 전국한자능력검정시험 8급 답안지(2)

답 안 란		채점란		답 안 란		채점란	
번호	정답	1검	2검	번호	정답	1검	2검
25				38			
26				39			
27				40			
28				41			
29				42			
30				43			
31				44			
32				45			
33				46			
34				47			
35				48			
36				49			
37				50			

제8회

(社) 한국어문회 주관 · 한국한자능력검정회 시행

한자능력검정시험 8급 예상문제

문 항 수 : 50문항
합격문항 : 35문항
제한시간 : 50분

01 다음의 글을 읽고 (　) 안의 漢字(한자)의 讀音(독음: 읽는 소리)을 쓰세요. (1~10)

보기 (音) → 음

1 오늘은 (父) [　]
2 (母)님들이 우리 [　]
3 (學) [　]
4 (校)에 오시는 날입니다. [　]
5 (先) [　]
6 (生)님과 [　]
7 (六)학 [　]
8 (年) 학생들이 [　]
9 (敎) [　]
10 (室)를 청소를 합니다. [　]

02 다음 밑줄 친 말에 해당하는 漢字(한자)를 〈보기〉에서 찾아 그 번호를 쓰세요. (11~20)

보기

① 弟	② 白	③ 大	④ 九
⑤ 水	⑥ 木	⑦ 門	⑧ 中
⑨ 軍	⑩ 兄		

11 강 가운데 배가 떠 있습니다. [　]
12 오늘은 동생 생일입니다. [　]
13 아저씨, 우리 형은 왜 찾아요? [　]
14 우리는 큰 집에서 삽니다. [　]
15 형은 군인이 되었습니다. [　]
16 철수네는 아홉 식구입니다. [　]
17 문틈 사이로 햇빛이 들어옵니다. [　]
18 밤새 흰 눈이 내렸습니다. [　]
19 물을 많이 먹어야 건강해집니다. [　]
20 나무가 바람에 흔들립니다. [　]

03 다음 단어나 음(音: 소리)에 알맞은 漢字(한자)를 〈보기〉에서 찾아 그 번호를 쓰세요. (21~30)

보기

① 王	② 金	③ 七	④ 日
⑤ 山	⑥ 西	⑦ 人	⑧ 外
⑨ 土	⑩ 二		

21 사람 [　]
22 해 [　]
23 둘 [　]
24 임금 [　]
25 바깥 [　]
26 쇠 [　]
27 흙 [　]
28 산 [　]
29 서쪽 [　]
30 일곱 [　]

04 다음 漢字(한자)의 훈(訓: 뜻)과 음(音: 소리)을 쓰세요. (31~40)

보기 天 → 하늘 천

31 國 [　]
32 三 [　]
33 民 [　]
34 五 [　]
35 寸 [　]
36 火 [　]
37 十 [　]
38 月 [　]
39 四 [　]
40 一 [　]

05 다음 漢字(한자)의 훈(訓: 뜻)을 〈보기〉에서 찾아 그 번호를 쓰세요. (41~44)

보기 ① 작다 ② 푸르다 ③ 여덟 ④ 길다

41 長 [ ]

42 八 [ ]

43 小 [ ]

44 青 [ ]

06 다음 漢字(한자)의 음(音: 소리)을 〈보기〉에서 찾아 그 번호를 쓰세요. (45~48)

보기 ① 녀 ② 한 ③ 북 ④ 만

45 北 [ ]

46 萬 [ ]

47 韓 [ ]

48 女 [ ]

07 다음 漢字(한자)의 진하게 표시한 획은 몇 번째 쓰는지 〈보기〉에서 찾아 그 번호를 쓰세요. (49~50)

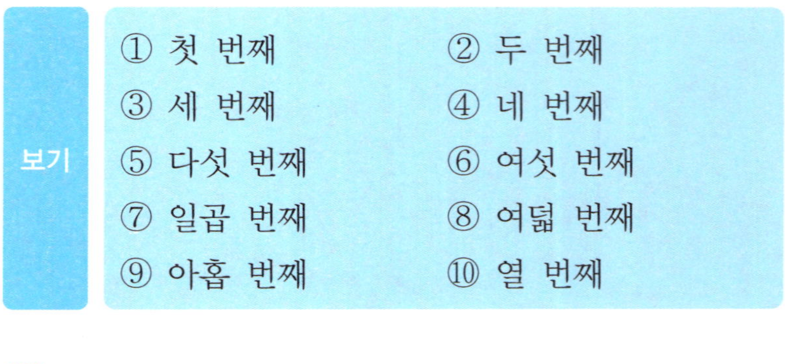
보기
① 첫 번째 ② 두 번째
③ 세 번째 ④ 네 번째
⑤ 다섯 번째 ⑥ 여섯 번째
⑦ 일곱 번째 ⑧ 여덟 번째
⑨ 아홉 번째 ⑩ 열 번째

49

[ ]

50

[ ]

수험번호 □□□-□□-□□□□□ 성명 □□□□□

생년월일 □□□□□□

※ 유성 싸인펜, 붉은색 필기구 사용 불가.

※ 답안지는 컴퓨터로 처리되므로 구기거나 더럽히지 마시고, 정답 칸 안에만 쓰십시오. 글씨가 채점란으로 들어오면 오답처리가 됩니다.

제 회 전국한자능력검정시험 8급 답안지(1) (시험시간 50분)

답 안 란		채점란		답 안 란		채점란	
번호	정답	1검	2검	번호	정답	1검	2검
1				13			
2				14			
3				15			
4				16			
5				17			
6				18			
7				19			
8				20			
9				21			
10				22			
11				23			
12				24			

감독위원	채점위원(1)		채점위원(2)		채점위원(3)	
(서명)	(득점)	(서명)	(득점)	(서명)	(득점)	(서명)

※ 뒷면으로 이어짐

※ 답안지는 컴퓨터로 처리되므로 구기거나 더럽히지 마시고, 정답 칸 안에만 쓰십시오. 글씨가 채점란으로 들어오면 오답처리가 됩니다.

제　　회 전국한자능력검정시험 8급 답안지(2)

답안란		채점란		답안란		채점란	
번호	정답	1검	2검	번호	정답	1검	2검
25				38			
26				39			
27				40			
28				41			
29				42			
30				43			
31				44			
32				45			
33				46			
34				47			
35				48			
36				49			
37				50			

제9회

(社) 한국어문회 주관 · 한국한자능력검정회 시행

한자능력검정시험 8급 예상문제

문 항 수 : 50문항
합격문항 : 35문항
제한시간 : 50분

01 다음 글의 ( ) 안에 있는 漢字(한자)의 讀音(독음: 읽는 소리)을 쓰세요. (1~10)

보기	(音) → 음

1 (東) [ ]
2 (西) [ ]
3 (南) [ ]
4 (北)을 사방이라 합니다. [ ]
5 우리 (學) [ ]
6 (年)은 [ ]
7 (先) [ ]
8 (生)님과 [ ]
9 (靑)군 [ ]
10 (白)군으로 나누어 운동회를 합니다. [ ]

02 다음 밑줄 친 말에 해당하는 漢字(한자)를 〈보기〉에서 찾아 그 번호를 쓰세요. (11~20)

보기				
	① 兄	② 軍	③ 七	④ 母
	⑤ 山	⑥ 五	⑦ 父	⑧ 弟
	⑨ 國	⑩ 土		

11 토요일 마다 [ ]
12 형과 [ ]
13 아우는 [ ]
14 등산을 갑니다. [ ]
15 우리 아버지와 [ ]
16 어머니는 [ ]
17 나라를 지키는 [ ]
18 자랑스런 군인이십니다. [ ]
19 옛날에 일곱 난장이와 [ ]
20 다섯 명의 공주가 살았습니다. [ ]

03 다음 단어나 음(音: 소리)에 알맞은 漢字(한자)를 〈보기〉에서 찾아 그 번호를 쓰세요. (21~30)

보기				
	① 月	② 門	③ 教	④ 九
	⑤ 十	⑥ 三	⑦ 萬	⑧ 火
	⑨ 大	⑩ 韓		

21 문 [ ]
22 가르치다 [ ]
23 셋 [ ]
24 불 [ ]
25 크다 [ ]
26 나라/한국 [ ]
27 만 [ ]
28 열 [ ]
29 아홉 [ ]
30 달 [ ]

04 다음 漢字(한자)의 훈(訓: 뜻)과 음(音: 소리)을 쓰세요. (31~40)

보기	天 → 하늘 천

31 水 [ ]
32 民 [ ]
33 日 [ ]
34 人 [ ]
35 二 [ ]
36 室 [ ]
37 小 [ ]
38 木 [ ]
39 一 [ ]
40 校 [ ]

05 다음 漢字(한자)의 훈(訓: 뜻)을 〈보기〉에서 찾아 그 번호를 쓰세요. (41~44)

보기 ① 임금 ② 가운데 ③ 여덟 ④ 여섯

41 六 [ ]

42 八 [ ]

43 中 [ ]

44 王 [ ]

06 다음 漢字(한자)의 음(音: 소리)을 〈보기〉에서 찾아 그 번호를 쓰세요. (45~48)

보기 ① 금/김 ② 녀 ③ 사 ④ 장

45 四 [ ]

46 金 [ ]

47 女 [ ]

48 長 [ ]

07 다음 漢字(한자)의 진하게 표시한 획은 몇 번째 쓰는지 〈보기〉에서 찾아 그 번호를 쓰세요. (49~50)

보기
① 첫 번째 ② 두 번째
③ 세 번째 ④ 네 번째
⑤ 다섯 번째

49 寸 [ ]

50 外 [ ]

■ 사단법인 한국어문회 · 한국한자능력검정회 20 . ( ). ( ). 8 0 1 ■

수험번호 □□□-□□-□□□□□ 성명 □□□□□

생년월일 □□□□□□ ※ 유성 싸인펜, 붉은색 필기구 사용 불가.

※ 답안지는 컴퓨터로 처리되므로 구기거나 더럽히지 마시고, 정답 칸 안에만 쓰십시오. 글씨가 채점란으로 들어오면 오답처리가 됩니다.

제 회 전국한자능력검정시험 8급 답안지(1) (시험시간 50분)

답안란		채점란		답안란		채점란	
번호	정답	1검	2검	번호	정답	1검	2검
1				13			
2				14			
3				15			
4				16			
5				17			
6				18			
7				19			
8				20			
9				21			
10				22			
11				23			
12				24			

감독위원	채점위원(1)		채점위원(2)		채점위원(3)	
(서명)	(득점)	(서명)	(득점)	(서명)	(득점)	(서명)

※ 뒷면으로 이어짐

※ 답안지는 컴퓨터로 처리되므로 구기거나 더럽히지 마시고, 정답 칸 안에만 쓰십시오. 글씨가 채점란으로 들어오면 오답처리가 됩니다.

제　　회 전국한자능력검정시험 8급 답안지(2)

답 안 란		채점란		답 안 란		채점란	
번호	정답	1검	2검	번호	정답	1검	2검
25				38			
26				39			
27				40			
28				41			
29				42			
30				43			
31				44			
32				45			
33				46			
34				47			
35				48			
36				49			
37				50			

한자능력검정시험 8급 예상문제 정답

【제1회】 예상문제(13p~14p)

1 오	2 월	3 팔	4 일
5 토	6 부	7 모	8 남
9 대	10 문	11 1	12 6
13 10	14 2	15 7	16 4
17 3	18 5	19 8	20 9
21 5	22 2	23 10	24 7
25 6	26 3	27 9	28 1
29 8	30 4	31 열 십	32 배울 학
33 아우 제	34 넉 사	35 해 년	36 계집 녀
37 마디 촌	38 석 삼	39 긴 장	40 형 형
41 4	42 3	43 2	44 1
45 2	46 3	47 1	48 4
49 7	50 3		

【제2회】 예상문제(17p~18p)

1 만	2 실	3 촌	4 제
5 군	6 교	7 토	8 한
9 교	10 금	11 ⑧	12 ②
13 ①	14 ③	15 ⑦	16 ⑨
17 ⑤	18 ⑩	19 ④	20 ⑥
21 ⑦	22 ④	23 ⑩	24 ⑧
25 ⑤	26 ③	27 ①	28 ⑨
29 ⑥	30 ②	31 ③	32 ①
33 ⑨	34 ⑦	35 ⑤	36 ②
37 ⑩	38 ④	39 ⑥	40 ⑧
41 ⑤	42 ⑧	43 ④	44 ⑥
45 ①	46 ②	47 ③	48 ⑦
49 ⑧	50 ④		

【제3회】 예상문제(21p~22p)

1 학	2 교	3 청	4 백
5 선	6 생	7 만	8 국
9 시(십)	10 월	11 삼	12 일
13 부	14 모	15 중	16 형
17 8	18 7	19 6	20 3
21 14	22 9	23 12	24 10
25 13	26 15	27 4	28 5
29 16	30 1	31 2	32 11
33 2	34 5	35 3	36 6
37 7	38 1	39 4	40 8
41 4	42 3	43 1	44 6
45 2	46 7	47 8	48 5
49 13	50 9		

【제4회】 예상문제(25p~26p)

1 군	2 인	3 청	4 년
5 학	6 교	7 선	8 생
9 교	10 실	11 ⑧	12 ⑦
13 ①	14 ④	15 ⑥	16 ③
17 ⑨	18 ②	19 ⑩	20 ⑤
21 ⑩	22 ⑨	23 ⑧	24 ⑤
25 ⑦	26 ②	27 ④	28 ③
29 ⑥	30 ①	31 여덟 팔	32 남녘 남
33 백성 민	34 석 삼	35 아홉 구	36 일만 만
37 열 십	38 바깥 외	39 넉 사	40 마디 촌
41 ④	42 ①	43 ③	44 ②
45 ④	46 ①	47 ②	48 ③
49 ③	50 ④		

한자능력검정시험 8급 예상문제 정답

【제5회】 예상문제(29p~30p)

1 한	2 국	3 여	4 금
5 외	6 중	7 형	8 만
9 부	10 모	11 ⑤	12 ③
13 ⑨	14 ⑥	15 ②	16 ⑧
17 ⑦	18 ①	19 ⑩	20 ④
21 ⑨	22 ③	23 ⑩	24 ⑦
25 ②	26 ⑤	27 ⑥	28 ①
29 ⑧	30 ④	31 군사 군	32 큰 대
33 흰 백	34 아홉 구	35 먼저 선	36 석 삼
37 푸를 청	38 넉 사	39 날 생	40 가르칠 교
41 ③	42 ②	43 ④	44 ①
45 ②	46 ①	47 ④	48 ③
49 ⑤	50 ⑦		

【제7회】 예상문제(37p~38p)

1 교	2 학	3 부	4 모
5 형	6 제	7 생	8 청
9 백	10 군	11 ⑧	12 ③
13 ⑥	14 ⑨	15 ①	16 ⑦
17 ⑩	18 ②	19 ⑤	20 ④
21 ⑨	22 ⑥	23 ①	24 ③
25 ⑧	26 ④	27 ⑦	28 ⑩
29 ②	30 ⑤	31 큰 대	32 계집 녀
33 두 이	34 바깥 외	35 열 십	36 날 일
37 메 산	38 석 삼	39 여덟 팔	40 작을 소
41 ④	42 ①	43 ③	44 ②
45 ①	46 ④	47 ②	48 ③
49 ④	50 ④		

【제6회】 예상문제(33p~34p)

1 청	2 생	3 교	4 백
5 부	6 대	7 학	8 민
9 선	10 동	11 ⑦	12 ②
13 ④	14 ⑨	15 ⑥	16 ③
17 ①	18 ⑧	19 ⑤	20 ⑩
21 ③	22 ⑤	23 ⑧	24 ⑦
25 ⑥	26 ①	27 ②	28 ⑨
29 ④	30 ⑩	31 메 산	32 한 일
33 일만 만	34 넉 사	35 계집 녀	36 다섯 오
37 북녘 북	38 형 형	39 석 삼	40 작을 소
41 ④	42 ⑦	43 ②	44 ⑧
45 ⑤	46 ①	47 ⑥	48 ③
49 ②	50 ⑤		

【제8회】 예상문제(41p~42p)

1 부	2 모	3 학	4 교
5 선	6 생	7 육	8 년
9 교	10 실	11 ⑧	12 ①
13 ⑩	14 ③	15 ⑨	16 ④
17 ⑦	18 ②	19 ⑤	20 ⑥
21 ⑦	22 ④	23 ⑩	24 ①
25 ⑧	26 ②	27 ⑨	28 ⑤
29 ⑥	30 ③	31 나라 국	32 석 삼
33 백성 민	34 다섯 오	35 마디 촌	36 불 화
37 열 십	38 달 월	39 넉 사	40 한 일
41 ④	42 ③	43 ①	44 ②
45 ③	46 ④	47 ②	48 ①
49 ⑥	50 ⑦		

【제9회】 예상문제(45p~46p)

1 동	2 서	3 남	4 북
5 학	6 년	7 선	8 생
9 청	10 백	11 ⑩	12 ①
13 ⑧	14 ⑤	15 ⑦	16 ④
17 ⑨	18 ②	19 ③	20 ⑥
21 ②	22 ③	23 ⑥	24 ⑧
25 ⑨	26 ⑩	27 ⑦	28 ⑤
29 ④	30 ①	31 물 수	32 백성 민
33 날 일	34 사람 인	35 두 이	36 집 실
37 작을 소	38 나무 목	39 한 일	40 학교 교
41 ④	42 ③	43 ②	44 ①
45 ③	46 ①	47 ②	48 ④
49 ③	50 ⑤		

한자능력검정시험

8급 기출문제 (제104회~제111회)

- 기출문제(제104회~제111회)
- 정답(71p~72p)

제104회 한자능력검정시험 8급 기출문제

2024. 02. 24 시행

(社) 한국어문회 주관·한국한자능력검정회 시행

문 항 수 : 50문항
합격문항 : 35문항
제한시간 : 50분

01 다음 글의 ( ) 안에 있는 漢字(한자)의 讀音(독음 : 읽는 소리)을 쓰세요. (1~10)

보기: (漢) → 한

1 국보 (一)호인 [ ]
2 (南) [ ]
3 (大) [ ]
4 (門)으로 가기 위해 [ ]
5 (山)을 내려가다 보니 [ ]
6 (東)쪽에 [ ]
7 (學) [ ]
8 (校)와 그 안에 [ ]
9 (敎) [ ]
10 (室)이 보였다. [ ]

02 다음 訓(훈 : 뜻)이나 音(음 : 소리)에 알맞은 漢字(한자)를 〈보기〉에서 찾아 그 번호를 쓰세요. (11~20)

보기:

① 年	② 九	③ 國	④ 生
⑤ 金	⑥ 軍	⑦ 韓	⑧ 六
⑨ 萬	⑩ 寸		

11 생 [ ]
12 한 [ ]
13 국 [ ]
14 군 [ ]
15 쇠 [ ]
16 마디 [ ]
17 륙 [ ]
18 아홉 [ ]
19 해 [ ]
20 만 [ ]

03 다음 밑줄 친 말에 해당하는 漢字(한자)를 〈보기〉에서 찾아 그 번호를 쓰세요. (21~30)

보기:

① 青	② 父	③ 白	④ 先
⑤ 十	⑥ 外	⑦ 人	⑧ 日
⑨ 西	⑩ 四		

21 <u>서쪽</u> 하늘이 붉게 물들었다. [ ]
22 <u>먼저</u> 태어난 [ ]
23 <u>사람</u> [ ]
24 <u>네</u> 명이 들어왔다. [ ]
25 오늘은 일이 시작된 지 <u>열</u> 번째 [ ]
26 <u>날</u>이다. [ ]
27 <u>아버지</u>가 [ ]
28 <u>밖</u>에서 들어오셨다. [ ]
29 <u>푸른</u> 색과 [ ]
30 <u>흰</u>색으로 팀을 나누어 체육대회를 치렀다. [ ]

04 다음 漢字(한자)의 訓(훈 : 뜻)과 音(음 : 소리)을 쓰세요. (31~40)

보기: 漢 → 한나라 한

31 弟 [ ]
32 中 [ ]
33 七 [ ]
34 火 [ ]
35 土 [ ]
36 八 [ ]
37 兄 [ ]
38 民 [ ]
39 木 [ ]
40 女 [ ]

05 다음 漢字(한자)의 訓(훈 : 뜻)을 〈보기〉에서 찾아 그 번호를 쓰세요. (41~44)

보기 ① 다섯 ② 임금 ③ 긴 ④ 물

41 長 [ ]

42 王 [ ]

43 水 [ ]

44 五 [ ]

06 다음 漢字(한자)의 音(음 : 소리)을 〈보기〉에서 찾아 그 번호를 쓰세요. (45~48)

보기 ① 삼 ② 소 ③ 월 ④ 이

45 月 [ ]

46 三 [ ]

47 小 [ ]

48 二 [ ]

07 다음 漢字(한자)의 진하게 표시한 획은 몇 번째 쓰는지 〈보기〉에서 찾아 그 번호를 쓰세요. (49~50)

보기
① 첫 번째 ② 두 번째
③ 세 번째 ④ 네 번째
⑤ 다섯 번째

49 母 [ ]

50 北 [ ]

(社) 한국어문회 주관 · 한국한자능력검정회 시행

한자능력검정시험 8급 기출문제

문 항 수 : 50문항
합격문항 : 35문항
제한시간 : 50분

01 다음 글의 (　) 안에 있는 漢字(한자)의 讀音(독음 : 읽는 소리)을 쓰세요. (1~10)

보기 (漢) → 한

1 (學) [ ]
2 (生) 여러분, [ ]
3 (大) [ ]
4 (韓) [ ]
5 (民) [ ]
6 (國)의 [ ]
7 (東)쪽 끝은 독도이고, [ ]
8 (西)쪽 끝은 백령도, [ ]
9 (南)쪽 끝은 마라도, [ ]
10 (北)쪽 끝은 고성군입니다. [ ]

02 다음 訓(훈 : 뜻)이나 音(음 : 소리)에 알맞은 漢字(한자)를 〈보기〉에서 찾아 그 번호를 쓰세요. (11~20)

보기
① 萬 ② 三 ③ 校 ④ 長
⑤ 王 ⑥ 弟 ⑦ 小 ⑧ 火
⑨ 五 ⑩ 土

11 흙 [ ]
12 작을 [ ]
13 왕 [ ]
14 만 [ ]
15 장 [ ]
16 아우 [ ]
17 삼 [ ]
18 불 [ ]
19 다섯 [ ]
20 교 [ ]

03 다음 밑줄 친 말에 해당하는 漢字(한자)를 〈보기〉에서 찾아 그 번호를 쓰세요. (21~30)

보기
① 白 ② 門 ③ 人 ④ 八
⑤ 敎 ⑥ 一 ⑦ 十 ⑧ 木
⑨ 山 ⑩ 日

21 넷 더하기 넷은 여덟입니다. [ ]
22 새들이 나무 위에서 지저귑니다. [ ]
23 똑, 똑, 똑, 문 두드리는 소리가 납니다. [ ]
24 장터에는 5일마다 장이 섭니다. [ ]
25 동생은 밤 열 시에 잠을 잡니다. [ ]
26 두둥실 흰 구름이 떠갑니다. [ ]
27 사과를 한 개씩 나누어 먹었습니다. [ ]
28 나무꾼은 마음씨가 착한 사람이었습니다. [ ]
29 아이들에게 참된 삶을 가르쳐야 합니다. [ ]
30 지금 산에는 진달래가 한창입니다. [ ]

04 다음 漢字(한자)의 訓(훈 : 뜻)과 音(음 : 소리)을 쓰세요. (31~40)

보기 漢 → 한나라 한

31 七 [ ]
32 水 [ ]
33 軍 [ ]
34 六 [ ]
35 二 [ ]
36 寸 [ ]
37 靑 [ ]
38 中 [ ]
39 四 [ ]
40 室 [ ]

05 다음 漢字(한자)의 訓(훈 : 뜻)을 〈보기〉에서 찾아 그 번호를 쓰세요. (41~44)

보기 ① 어미 ② 해 ③ 계집 ④ 아홉

41 女 [ ]

42 母 [ ]

43 年 [ ]

44 九 [ ]

06 다음 漢字(한자)의 音(음 : 소리)을 〈보기〉에서 찾아 그 번호를 쓰세요. (45~48)

보기 ① 선 ② 외 ③ 금 ④ 월

45 月 [ ]

46 金 [ ]

47 外 [ ]

48 先 [ ]

07 다음 漢字(한자)의 진하게 표시한 획은 몇 번째 쓰는지 〈보기〉에서 찾아 그 번호를 쓰세요. (49~50)

보기
① 첫 번째 ② 두 번째
③ 세 번째 ④ 네 번째
⑤ 다섯 번째

49 父 [ ]

50 兄 [ ]

(社) 한국어문회 주관·한국한자능력검정회 시행

한자능력검정시험 8급 기출문제

문 항 수 : 50문항
합격문항 : 35문항
제한시간 : 50분

01 다음 글의 (　) 안에 있는 漢字(한자)의 讀音(독음 : 읽는 소리)을 쓰세요. (1~10)

보기　(漢) → 한

1 (南)씨 성의 [　　]
2 (先) [　　]
3 (生)님께서 [　　]
4 (學) [　　]
5 (校)에서 아이들을 가르치십니다. [　　]
6 (教) [　　]
7 (室)의 [　　]
8 (門)을 열어보니 [　　]
9 (二)학년 [　　]
10 (女)학생들이 공부를 하고 있었습니다. [　　]

02 다음 訓(훈 : 뜻)이나 音(음 : 소리)에 알맞은 漢字(한자)를 〈보기〉에서 찾아 그 번호를 쓰세요. (11~20)

보기
① 小　② 白　③ 軍　④ 年
⑤ 東　⑥ 韓　⑦ 北　⑧ 民
⑨ 六　⑩ 王

11 임금 [　　]
12 군 [　　]
13 한 [　　]
14 년 [　　]
15 백성 [　　]
16 작을 [　　]
17 동 [　　]
18 여섯 [　　]
19 북 [　　]
20 흰 [　　]

03 다음 밑줄 친 말에 해당하는 漢字(한자)를 〈보기〉에서 찾아 그 번호를 쓰세요. (21~30)

보기
① 弟　② 三　③ 大　④ 四
⑤ 十　⑥ 人　⑦ 木　⑧ 山
⑨ 九　⑩ 中

21 셋의 세 배는 [　　]
22 아홉입니다. [　　]
23 저 산 [　　]
24 가운데 있는 [　　]
25 큰 [　　]
26 나무 [　　]
27 네 그루를 [　　]
28 사람들이 베어냈습니다. [　　]
29 밤 열 시가 되면 [　　]
30 아우는 잠자리에 듭니다. [　　]

04 다음 漢字(한자)의 訓(훈 : 뜻)과 音(음 : 소리)을 쓰세요. (31~40)

보기　漢 → 한나라 한

31 萬 [　　]
32 父 [　　]
33 外 [　　]
34 水 [　　]
35 日 [　　]
36 七 [　　]
37 母 [　　]
38 五 [　　]
39 月 [　　]
40 一 [　　]

05 다음 漢字(한자)의 訓(훈 : 뜻)을 〈보기〉에서 찾아 그 번호를 쓰세요. (41~44)

보기 ① 흙 ② 여덟 ③ 푸를 ④ 불

41 火 [ ]

42 土 [ ]

43 青 [ ]

44 八 [ ]

06 다음 漢字(한자)의 音(음 : 소리)을 〈보기〉에서 찾아 그 번호를 쓰세요. (45~48)

보기 ① 형 ② 서 ③ 장 ④ 촌

45 西 [ ]

46 寸 [ ]

47 兄 [ ]

48 長 [ ]

07 다음 漢字(한자)의 진하게 표시한 획은 몇 번째 쓰는지 〈보기〉에서 찾아 그 번호를 쓰세요. (49~50)

보기
① 첫 번째 ② 두 번째
③ 세 번째 ④ 네 번째
⑤ 다섯 번째 ⑥ 여섯 번째
⑦ 일곱 번째 ⑧ 여덟 번째
⑨ 아홉 번째 ⑩ 열 번째
⑪ 열한 번째

49 國 [ ]

50 金 [ ]

제107회 2024. 11. 09 시행

(社) 한국어문회 주관 · 한국한자능력검정회 시행

한자능력검정시험 8급 기출문제

문 항 수 : 50문항
합격문항 : 35문항
제한시간 : 50분

01 다음 글의 ( ) 안에 있는 漢字(한자)의 讀音(독음 : 읽는 소리)을 쓰세요. (1~10)

보기 (漢) → 한

1 우리 (三) [ ]
2 (兄) [ ]
3 (弟)는 [ ]
4 (父) [ ]
5 (母)님과 함께 [ ]
6 (南) [ ]
7 (大) [ ]
8 (門) 시장에 갔습니다. [ ]
9 그곳에는 (外) [ ]
10 (國) 사람들도 많았습니다. [ ]

02 다음 訓(훈 : 뜻)이나 音(음 : 소리)에 알맞은 漢字(한자)를 〈보기〉에서 찾아 그 번호를 쓰세요. (11~20)

보기

① 王	② 七	③ 生	④ 先
⑤ 校	⑥ 室	⑦ 萬	⑧ 寸
⑨ 東	⑩ 民		

11 백성 [ ]
12 생 [ ]
13 왕 [ ]
14 집 [ ]
15 교 [ ]
16 마디 [ ]
17 선 [ ]
18 칠 [ ]
19 일만 [ ]
20 동녘 [ ]

03 다음 밑줄 친 말에 해당하는 漢字(한자)를 〈보기〉에서 찾아 그 번호를 쓰세요. (21~30)

보기

① 四	② 八	③ 韓	④ 十
⑤ 女	⑥ 六	⑦ 敎	⑧ 水
⑨ 月	⑩ 軍		

21 <u>여자</u> 아이들이 고무줄놀이를 합니다. [ ]
22 약속 장소에 <u>열</u> 명 정도 모였습니다. [ ]
23 동생은 <u>여덟</u> 살입니다. [ ]
24 삼촌이 자전거를 <u>가르쳐</u> 주었습니다. [ ]
25 내 생일은 다음 <u>달</u>입니다. [ ]
26 백제의 <u>군사</u>가 성을 포위했습니다. [ ]
27 마늘 한 톨은 대개 <u>여섯</u> 쪽입니다. [ ]
28 영희가 떠난 지 <u>넉</u> 달이 지났습니다. [ ]
29 서울은 <u>한국</u>의 수도입니다. [ ]
30 주전자의 <u>물</u>이 끓고 있습니다. [ ]

04 다음 漢字(한자)의 訓(훈 : 뜻)과 音(음 : 소리)을 쓰세요. (31~40)

보기 漢 → 한나라 한

31 長 [ ]
32 年 [ ]
33 火 [ ]
34 二 [ ]
35 九 [ ]
36 五 [ ]
37 金 [ ]
38 人 [ ]
39 一 [ ]
40 土 [ ]

05 다음 漢字(한자)의 訓(훈 : 뜻)을 〈보기〉에서 찾아 그 번호를 쓰세요. (41~44)

보기 ① 흰 ② 나무 ③ 배울 ④ 날

41 日 [ ]

42 白 [ ]

43 木 [ ]

44 學 [ ]

06 다음 漢字(한자)의 音(음 : 소리)을 〈보기〉에서 찾아 그 번호를 쓰세요. (45~48)

보기 ① 청 ② 서 ③ 중 ④ 북

45 北 [ ]

46 中 [ ]

47 青 [ ]

48 西 [ ]

07 다음 漢字(한자)의 진하게 표시한 획은 몇 번째 쓰는지 〈보기〉에서 찾아 그 번호를 쓰세요. (49~50)

보기 ① 첫 번째 ② 두 번째 ③ 세 번째

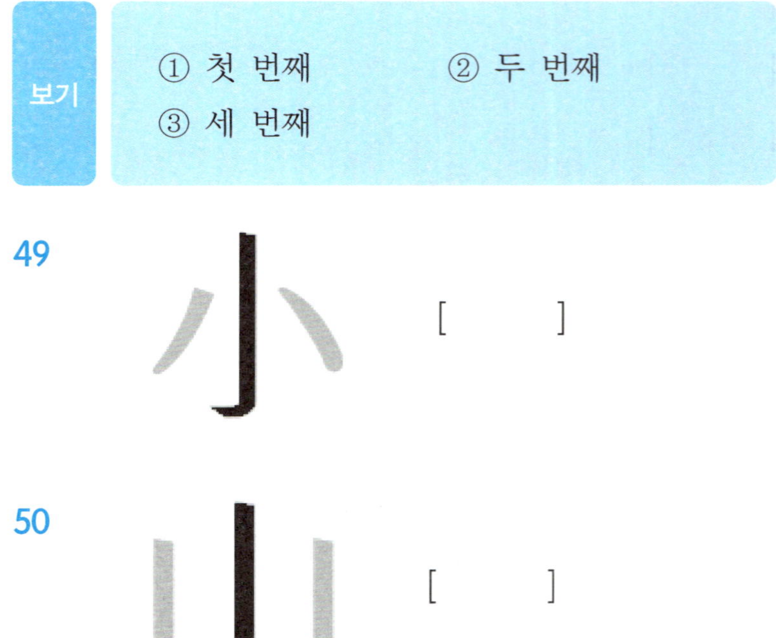

49 [ ]

50 [ ]

제108회
2025. 02. 22 시행

(社) 한국어문회 주관 · 한국한자능력검정회 시행

한자능력검정시험 8급 기출문제

문 항 수 : 50문항
합격문항 : 35문항
제한시간 : 50분

01 다음 글의 ( ) 안에 있는 漢字(한자)의 讀音(독음 : 읽는 소리)을 쓰세요. (1~10)

보기 (漢) → 한

1 (三) [ ]
2 (月)이 오면 [ ]
3 (兄)은 [ ]
4 (中) [ ]
5 (學) [ ]
6 (生)이 되고 [ ]
7 (四) [ ]
8 (寸) 누나는 [ ]
9 (六) [ ]
10 학(年)이 됩니다. [ ]

02 다음 訓(훈 : 뜻)이나 音(음 : 소리)에 알맞은 漢字(한자)를 〈보기〉에서 찾아 그 번호를 쓰세요. (11~20)

보기
① 國 ② 金 ③ 外 ④ 先
⑤ 女 ⑥ 室 ⑦ 青 ⑧ 火
⑨ 韓 ⑩ 門

11 국 [ ]
12 한국 [ ]
13 문 [ ]
14 집 [ ]
15 불 [ ]
16 쇠 / 성 [ ]
17 먼저 [ ]
18 푸를 [ ]
19 녀 [ ]
20 바깥 [ ]

03 다음 밑줄 친 말에 해당하는 漢字(한자)를 〈보기〉에서 찾아 그 번호를 쓰세요. (21~30)

보기
① 木 ② 教 ③ 王 ④ 西
⑤ 萬 ⑥ 東 ⑦ 軍 ⑧ 水
⑨ 土 ⑩ 弟

21 여름은 물놀이하기에 좋은 계절입니다. [ ]
22 봄이 오면 나무들이 무럭무럭 자라기 시작합니다. [ ]
23 놀부는 아우인 흥부에게 못되게 굴었습니다. [ ]
24 선생님이 모르는 문제를 친절하게 가르쳐 주셨습니다. [ ]
25 동녘 하늘에서 해가 솟아오릅니다. [ ]
26 흙에다 여러 가지 식물을 심었습니다. [ ]
27 옛날에는 임금님이 나라를 다스렸습니다. [ ]
28 국군의 날에 군사들이 씩씩하게 걸어가고 있습니다. [ ]
29 운동장에 일만 명이 모여 응원을 합니다. [ ]
30 서녘 하늘에 무지개가 떴습니다. [ ]

04 다음 漢字(한자)의 訓(훈 : 뜻)과 音(음 : 소리)을 쓰세요. (31~40)

보기 漢 → 한나라 한

31 八 [ ]
32 大 [ ]
33 七 [ ]
34 五 [ ]
35 白 [ ]
36 山 [ ]

37 母 [ ]

38 二 [ ]

39 人 [ ]

40 日 [ ]

05 다음 漢字(한자)의 訓(훈 : 뜻)을 〈보기〉에서 찾아 그 번호를 쓰세요. (41~44)

보기 ① 아홉 ② 열 ③ 백성 ④ 학교

41 十 [ ]

42 校 [ ]

43 民 [ ]

44 九 [ ]

06 다음 漢字(한자)의 音(음 : 소리)을 〈보기〉에서 찾아 그 번호를 쓰세요. (45~48)

보기 ① 남 ② 부 ③ 일 ④ 장

45 長 [ ]

46 父 [ ]

47 南 [ ]

48 一 [ ]

07 다음 漢字(한자)의 진하게 표시한 획은 몇 번째 쓰는지 〈보기〉에서 찾아 그 번호를 쓰세요. (49~50)

보기
① 첫 번째 ② 두 번째
③ 세 번째 ④ 네 번째
⑤ 다섯 번째

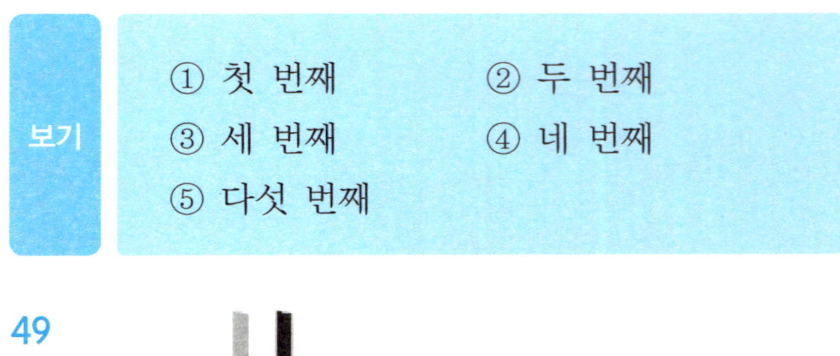

49 [ ]

50 [ ]

(社) 한국어문회 주관·한국한자능력검정회 시행

한자능력검정시험 8급 기출문제

문 항 수 : 50문항
합격문항 : 35문항
제한시간 : 50분

01 다음 글의 ( ) 안에 있는 漢字(한자)의 讀音(독음 : 읽는 소리)을 쓰세요. (1~10)

보기 (漢) → 한

1 우리나라 (大) [ ]
2 (韓) [ ]
3 (民) [ ]
4 (國)은 [ ]
5 (東) [ ]
6 (西) [ ]
7 (南) [ ]
8 (北) [ ]
9 (四)방 [ ]
10 (八)방 어딜 가나 아름답습니다. [ ]

02 다음 訓(훈 : 뜻)이나 音(음 : 소리)에 알맞은 漢字(한자)를 〈보기〉에서 찾아 그 번호를 쓰세요. (11~20)

보기
① 女 ② 十 ③ 白 ④ 七
⑤ 月 ⑥ 青 ⑦ 金 ⑧ 一
⑨ 寸 ⑩ 萬

11 일 [ ]
12 십 [ ]
13 푸를 [ ]
14 마디 [ ]
15 흰 [ ]
16 만 [ ]
17 일곱 [ ]
18 녀 [ ]
19 쇠/성 [ ]
20 월 [ ]

03 다음 밑줄 친 말에 해당하는 漢字(한자)를 〈보기〉에서 찾아 그 번호를 쓰세요. (21~30)

보기
① 木 ② 中 ③ 父 ④ 母
⑤ 年 ⑥ 九 ⑦ 山 ⑧ 校
⑨ 小 ⑩ 室

21 언니는 발이 작습니다. [ ]
22 제비가 처마 밑에 집을 지었습니다. [ ]
23 어미 제비가 알을 낳았습니다. [ ]
24 학교에 갔던 형이 돌아왔습니다. [ ]
25 형이 꼬리 아홉 달린 여우 이야기를 들려줍니다. [ ]
26 동구 밖에는 은행나무 한 그루가 있습니다. [ ]
27 올해도 열매를 달았습니다. [ ]
28 강물에 산그림자가 비칩니다. [ ]
29 아버지는 강가에서 낚시를 하십니다. [ ]
30 강물은 들판의 가운데를 가로질러 흐릅니다. [ ]

04 다음 漢字(한자)의 訓(훈 : 뜻)과 音(음 : 소리)을 쓰세요. (31~40)

보기 漢 → 한나라 한

31 先 [ ]
32 火 [ ]
33 二 [ ]
34 學 [ ]
35 水 [ ]
36 日 [ ]
37 教 [ ]

38 土 [ ]

39 王 [ ]

40 三 [ ]

05 다음 漢字(한자)의 訓(훈 : 뜻)을 〈보기〉에서 찾아 그 번호를 쓰세요. (41~44)

보기 ① 긴 ② 군사 ③ 여섯 ④ 아우

41 六 [ ]

42 長 [ ]

43 弟 [ ]

44 軍 [ ]

06 다음 漢字(한자)의 音(음 : 소리)을 〈보기〉에서 찾아 그 번호를 쓰세요. (45~48)

보기 ① 문 ② 외 ③ 오 ④ 인

45 人 [ ]

46 門 [ ]

47 五 [ ]

48 外 [ ]

07 다음 漢字(한자)의 진하게 표시한 획은 몇 번째 쓰는지 〈보기〉에서 찾아 그 번호를 쓰세요. (49~50)

보기
① 첫 번째 ② 두 번째
③ 세 번째 ④ 네 번째
⑤ 다섯 번째

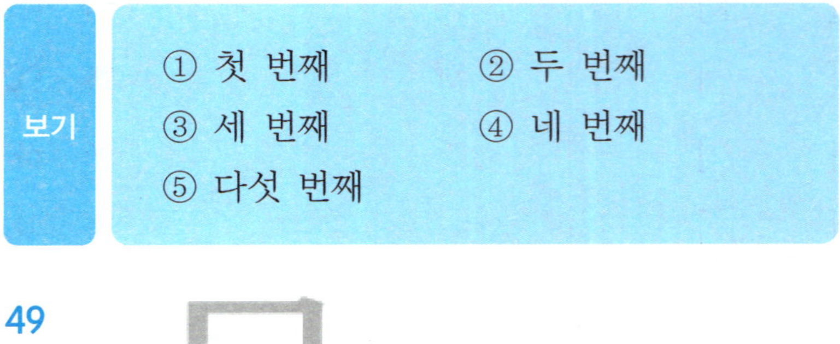

49 [ ]

50 [ ]

(社) 한국어문회 주관·한국한자능력검정회 시행

한자능력검정시험 8급 기출문제

문 항 수 : 50문항
합격문항 : 35문항
제한시간 : 50분

01 다음 글의 (　) 안에 있는 漢字(한자)의 讀音(독음 : 읽는 소리)을 쓰세요. (1~10)

보기 (漢) → 한

1 우리 (兄) [　　]
2 (弟)는 [　　]
3 (三) [　　]
4 (寸)의 [　　]
5 (外) [　　]
6 (國) [　　]
7 (人) 친구와 함께 [　　]
8 서울의 (東) [　　]
9 (大) [　　]
10 (門)을 구경했습니다. [　　]

02 다음 訓(훈 : 뜻)이나 音(음 : 소리)에 알맞은 漢字(한자)를 〈보기〉에서 찾아 그 번호를 쓰세요. (11~20)

보기

① 室 ② 校 ③ 北 ④ 日
⑤ 木 ⑥ 七 ⑦ 四 ⑧ 長
⑨ 十 ⑩ 西

11 날 [　　]
12 학교 [　　]
13 사 [　　]
14 십 [　　]
15 나무 [　　]
16 실 [　　]
17 장 [　　]
18 서녘 [　　]
19 북 [　　]
20 일곱 [　　]

03 다음 밑줄 친 말에 해당하는 漢字(한자)를 〈보기〉에서 찾아 그 번호를 쓰세요. (21~30)

보기

① 水 ② 小 ③ 九 ④ 青
⑤ 中 ⑥ 母 ⑦ 火 ⑧ 年
⑨ 白 ⑩ 敎

21 어머니의 사랑은 가장 고귀한 사랑입니다. [　　]
22 오전 아홉 시에 수업이 시작됩니다. [　　]
23 얼음이 녹으면 물이 됩니다. [　　]
24 비가 개자 맑고 푸른 하늘이 나타났습니다. [　　]
25 사랑으로 가르치고 이끌어주신 선생님의 은혜를 잊기 어렵습니다. [　　]
26 우리 민족은 흰 옷을 즐겨 입었습니다. [　　]
27 방에는 작은 창이 있습니다. [　　]
28 책상 가운데에 책을 놓았습니다. [　　]
29 해가 갈수록 지구의 기온이 오르고 있습니다. [　　]
30 나뭇가지로 불을 피워 추위를 이겨냈습니다. [　　]

04 다음 漢字(한자)의 訓(훈 : 뜻)과 音(음 : 소리)을 쓰세요. (31~40)

보기 漢 → 한나라 한

31 學 [　　]
32 民 [　　]
33 女 [　　]
34 生 [　　]
35 一 [　　]

36 金 [ ]

37 六 [ ]

38 山 [ ]

39 五 [ ]

40 二 [ ]

05 다음 漢字(한자)의 訓(훈 : 뜻)을 〈보기〉에서 찾아 그 번호를 쓰세요. (41~44)

보기	① 먼저	② 일만	③ 여덟	④ 달

41 八 [ ]

42 月 [ ]

43 先 [ ]

44 萬 [ ]

06 다음 漢字(한자)의 音(음 : 소리)을 〈보기〉에서 찾아 그 번호를 쓰세요. (45~48)

보기	① 왕	② 한	③ 남	④ 군

45 南 [ ]

46 王 [ ]

47 韓 [ ]

48 軍 [ ]

07 다음 漢字(한자)의 진하게 표시한 획은 몇 번째 쓰는지 〈보기〉에서 찾아 그 번호를 쓰세요. (49~50)

보기		
	① 첫 번째	② 두 번째
	③ 세 번째	④ 네 번째

49 土 [ ]

50 父 [ ]

제111회
2025. 11. 15 시행

(社) 한국어문회 주관·한국한자능력검정회 시행

한자능력검정시험 8급 기출문제

문 항 수 : 50문항
합격문항 : 35문항
제한시간 : 50분

01 다음 글의 (   ) 안에 있는 漢字(한자)의 讀音(독음 : 읽는 소리)을 쓰세요. (1~10)

보기 (漢) → 한

1 올해 (八) [ ]
2 (月) [ ]
3 (十) [ ]
4 (五) [ ]
5 (日)은 [ ]
6 (大) [ ]
7 (韓) [ ]
8 (民) [ ]
9 (國)의 [ ]
10 80주(年) 광복절입니다. [ ]

02 다음 訓(훈 : 뜻)이나 音(음 : 소리)에 알맞은 漢字(한자)를 〈보기〉에서 찾아 그 번호를 쓰세요. (11~20)

보기
① 王 ② 土 ③ 二 ④ 水
⑤ 三 ⑥ 白 ⑦ 人 ⑧ 小
⑨ 金 ⑩ 木

11 왕 [ ]
12 쇠/성 [ ]
13 나무 [ ]
14 이 [ ]
15 작을 [ ]
16 사람 [ ]
17 삼 [ ]
18 흙 [ ]
19 수 [ ]
20 흰 [ ]

03 다음 밑줄 친 말에 해당하는 漢字(한자)를 〈보기〉에서 찾아 그 번호를 쓰세요. (21~30)

보기
① 長 ② 敎 ③ 一 ④ 學
⑤ 靑 ⑥ 火 ⑦ 兄 ⑧ 九
⑨ 中 ⑩ 生

21 나무 <u>한</u> 그루를 심었습니다. [ ]
22 마당에 풀이 <u>났습니다</u>. [ ]
23 나와 <u>형</u>은 아버지를 닮았습니다. [ ]
24 언니는 <u>긴</u> 머리카락을 쓸어 넘겼습니다. [ ]
25 수영은 삼촌에게 <u>배웠습니다</u>. [ ]
26 강 <u>가운데</u> 배가 떠 있습니다. [ ]
27 구미호는 꼬리가 <u>아홉</u> 달린 여우입니다. [ ]
28 장작이 <u>불</u>을 탑니다. [ ]
29 버드나무의 <u>푸른</u> 잎이 흔들립니다. [ ]
30 똑똑한 그 아이에게 더 <u>가르칠</u> 것이 없습니다. [ ]

04 다음 漢字(한자)의 訓(훈 : 뜻)과 音(음 : 소리)을 쓰세요. (31~40)

보기 漢 → 한나라 한

31 校 [ ]
32 母 [ ]
33 弟 [ ]
34 六 [ ]
35 先 [ ]
36 四 [ ]
37 七 [ ]
38 門 [ ]

39 女 [ ]

40 外 [ ]

05 다음 漢字(한자)의 訓(훈 : 뜻)을 〈보기〉에서 찾아 그 번호를 쓰세요. (41~44)

보기	① 동녘	② 북녘	③ 마디	④ 아비

41 父 [ ]

42 北 [ ]

43 寸 [ ]

44 東 [ ]

06 다음 漢字(한자)의 音(음 : 소리)을 〈보기〉에서 찾아 그 번호를 쓰세요. (45~48)

보기	① 남	② 군	③ 실	④ 산

45 山 [ ]

46 南 [ ]

47 室 [ ]

48 軍 [ ]

07 다음 漢字(한자)의 진하게 표시한 획은 몇 번째 쓰는지 〈보기〉에서 찾아 그 번호를 쓰세요. (49~50)

보기		
	① 첫 번째	② 두 번째
	③ 세 번째	④ 네 번째
	⑤ 다섯 번째	⑥ 여섯 번째
	⑦ 일곱 번째	⑧ 여덟 번째
	⑨ 아홉 번째	⑩ 열 번째
	⑪ 열한 번째	⑫ 열두 번째
	⑬ 열세 번째	

49 西 [ ]

50 萬 [ ]

한자능력검정시험 8급 기출문제 정답

【제104회】 기출문제(55p~56p)

1 일	2 남	3 대	4 문
5 산	6 동	7 학	8 교
9 교	10 실	11 ④	12 ⑦
13 ③	14 ⑥	15 ⑤	16 ⑩
17 ⑧	18 ②	19 ①	20 ⑨
21 ⑨	22 ④	23 ⑦	24 ⑩
25 ⑤	26 ⑧	27 ②	28 ⑥
29 ①	30 ③	31 아우 제	32 가운데 중
33 일곱 칠	34 불 화	35 흙 토	36 여덟 팔
37 형 형	38 백성 민	39 나무 목	40 계집 녀
41 ③	42 ②	43 ④	44 ①
45 ③	46 ①	47 ②	48 ④
49 ⑤	50 ④		

【제105회】 기출문제(57p~58p)

1 학	2 생	3 대	4 한
5 민	6 국	7 동	8 서
9 남	10 북	11 ⑩	12 ⑦
13 ⑤	14 ①	15 ④	16 ⑥
17 ②	18 ⑧	19 ⑨	20 ③
21 ④	22 ⑧	23 ②	24 ⑩
25 ⑦	26 ①	27 ⑥	28 ③
29 ⑤	30 ⑨	31 일곱 칠	32 물 수
33 군사 군	34 여섯 륙	35 두 이	36 마디 촌
37 푸를 청	38 가운데 중	39 넉 사	40 집 실
41 ③	42 ①	43 ②	44 ④
45 ④	46 ③	47 ②	48 ①
49 ④	50 ⑤		

【제106회】 기출문제(59p~60p)

1 남	2 선	3 생	4 학
5 교	6 교	7 실	8 문
9 이	10 여	11 ⑩	12 ③
13 ⑥	14 ④	15 ⑧	16 ①
17 ⑤	18 ⑨	19 ⑦	20 ②
21 ②	22 ⑨	23 ⑧	24 ⑩
25 ③	26 ⑦	27 ④	28 ⑥
29 ⑤	30 ①	31 일만 만	32 아비 부
33 바깥 외	34 물 수	35 날 일	36 일곱 칠
37 어미 모	38 다섯 오	39 달 월	40 한 일
41 ④	42 ①	43 ③	44 ②
45 ②	46 ④	47 ①	48 ③
49 ⑦	50 ⑥		

【제107회】 기출문제(61p~62p)

1 삼	2 형	3 제	4 부
5 모	6 남	7 대	8 문
9 외	10 국	11 ⑩	12 ③
13 ①	14 ⑥	15 ⑤	16 ⑧
17 ④	18 ②	19 ⑦	20 ⑨
21 ⑤	22 ④	23 ②	24 ⑦
25 ⑨	26 ⑩	27 ⑥	28 ①
29 ③	30 ⑧	31 긴 장	32 해 년
33 불 화	34 두 이	35 아홉 구	36 다섯 오
37 쇠 금 ǀ 성(姓) 김		38 사람 인	39 한 일
40 흙 토	41 ④	42 ①	43 ②
44 ③	45 ④	46 ③	47 ①
48 ②	49 ①	50 ①	

【제108회】 기출문제(63p~64p)

1 삼	2 월	3 형	4 중
5 학	6 생	7 사	8 촌
9 육	10 년	11 ①	12 ⑨
13 ⑩	14 ⑥	15 ⑧	16 ②
17 ④	18 ⑦	19 ⑤	20 ③
21 ⑧	22 ①	23 ⑩	24 ②
25 ⑥	26 ⑨	27 ③	28 ⑦
29 ⑤	30 ④	31 여덟 팔	32 큰 대
33 일곱 칠	34 다섯 오	35 흰 백	36 메 산
37 어미 모	38 두 이	39 사람 인	40 날 일
41 ②	42 ④	43 ③	44 ①
45 ④	46 ②	47 ①	48 ③
49 ⑤	50 ①		

【제109회】 기출문제(65p~66p)

1 대	2 한	3 민	4 국
5 동	6 서	7 남	8 북
9 사	10 팔	11 ⑧	12 ②
13 ⑥	14 ⑨	15 ③	16 ⑩
17 ④	18 ①	19 ⑦	20 ⑤
21 ⑨	22 ⑩	23 ④	24 ⑧
25 ⑥	26 ①	27 ⑤	28 ⑦
29 ③	30 ②	31 먼저 선	32 불 화
33 두 이	34 배울 학	35 물 수	36 날 일
37 가르칠 교	38 흙 토	39 임금 왕	40 석 삼
41 ③	42 ①	43 ④	44 ②
45 ④	46 ①	47 ③	48 ②
49 ④	50 ②		

【제110회】 기출문제(67p~68p)

1 형	2 제	3 삼	4 촌
5 외	6 국	7 인	8 동
9 대	10 문	11 ④	12 ②
13 ⑦	14 ⑨	15 ⑤	16 ①
17 ⑧	18 ⑩	19 ③	20 ⑥
21 ⑥	22 ③	23 ①	24 ④
25 ⑩	26 ⑨	27 ②	28 ⑤
29 ⑧	30 ⑦	31 배울 학	32 백성 민
33 계집 녀	34 날 생	35 한 일	36 쇠 금/성 김
37 여섯 륙	38 메 산	39 다섯 오	40 두 이
41 ③	42 ④	43 ①	44 ②
45 ③	46 ①	47 ②	48 ④
49 ②	50 ③		

【제111회】 기출문제(69p~70p)

1 팔	2 월	3 십	4 오
5 일	6 대	7 한	8 민
9 국	10 년	11 ①	12 ⑨
13 ⑩	14 ③	15 ⑧	16 ⑦
17 ⑤	18 ②	19 ④	20 ⑥
21 ③	22 ⑩	23 ⑦	24 ①
25 ④	26 ⑨	27 ⑧	28 ⑥
29 ⑤	30 ②	31 학교 교	32 어미 모
33 아우 제	34 여섯 륙	35 먼저 선	36 넉 사
37 일곱 칠	38 문 문	39 계집 녀	40 바깥 외
41 ④	42 ②	43 ③	44 ①
45 ④	46 ①	47 ③	48 ②
49 ⑤	50 ⑫		

한자능력검정시험

8급 배정한자 (50자 쓰기)

➔ 배정한자 50자를 반복하여 쓰면서 자연스럽게 익힐 수 있도록 하였습니다.

배정한자 쓰기

丿 乂 㐅 ⺹ 耂 孝 孝 孝 孝 教 教

教

가르칠 **교**

부수 : 攵(攴)(등글월 문)
획수 : 총 11획

教	教	教	教	教	教	教	教

一 十 才 木 木 杧 杧 杧 校 校

校

학교 **교**

부수 : 木(나무 목)
획수 : 총 10획

校	校	校	校	校	校	校	校

丿 九

九

아홉 **구**

부수 : 乙(새 을)
획수 : 총 2획

九	九	九	九	九	九	九	九

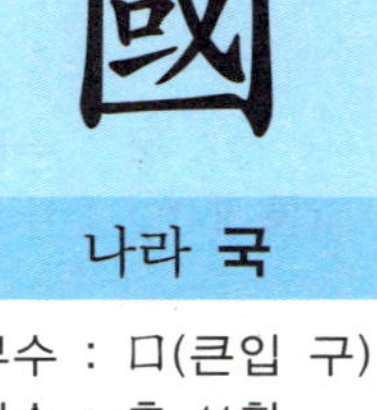
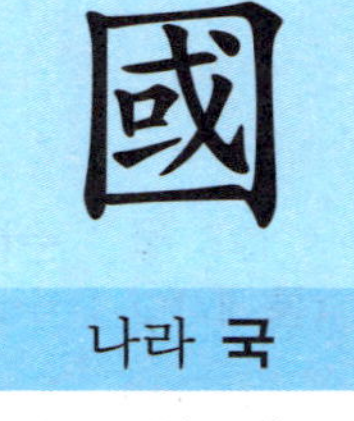
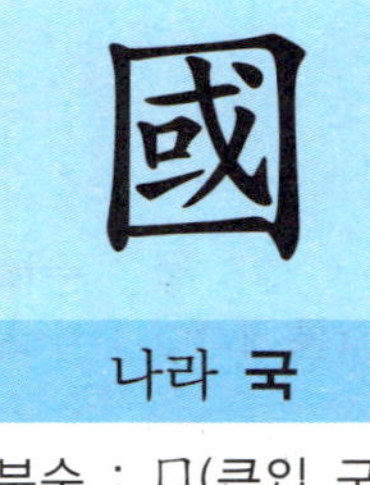

國

나라 국

부수 : 口(큰입 구)
획수 : 총 11획

軍

군사 군

부수 : 車(수레 거)
획수 : 총 9획

軍	軍	軍	軍	軍	軍	軍	軍

金

쇠 금 / 성 김

부수 : 金(쇠 금)
획수 : 총 8획

一 十 ᅡ 冂 冂 冇 冇 南 南

南

남녘 남

부수 : 十(열 십)
획수 : 총 9획

南 南 南 南 南 南 南 南

く 女 女

女

계집 녀

부수 : 女(계집 녀)
획수 : 총 3획

女 女 女 女 女 女 女 女

ノ 𠂉 𠂉 年 年 年

年

해 년

부수 : 干(방패 간)
획수 : 총 6획

年 年 年 年 年 年 年 年

一 ナ 大

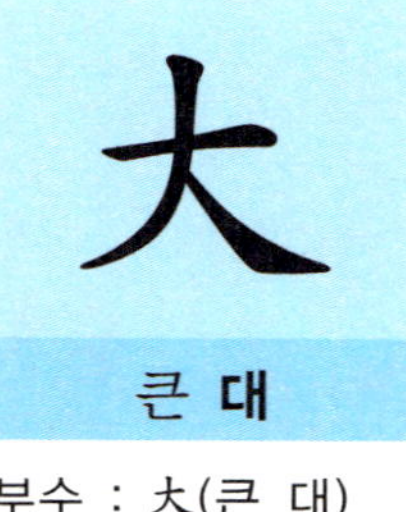

큰 대

부수 : 大(큰 대)
획수 : 총 3획

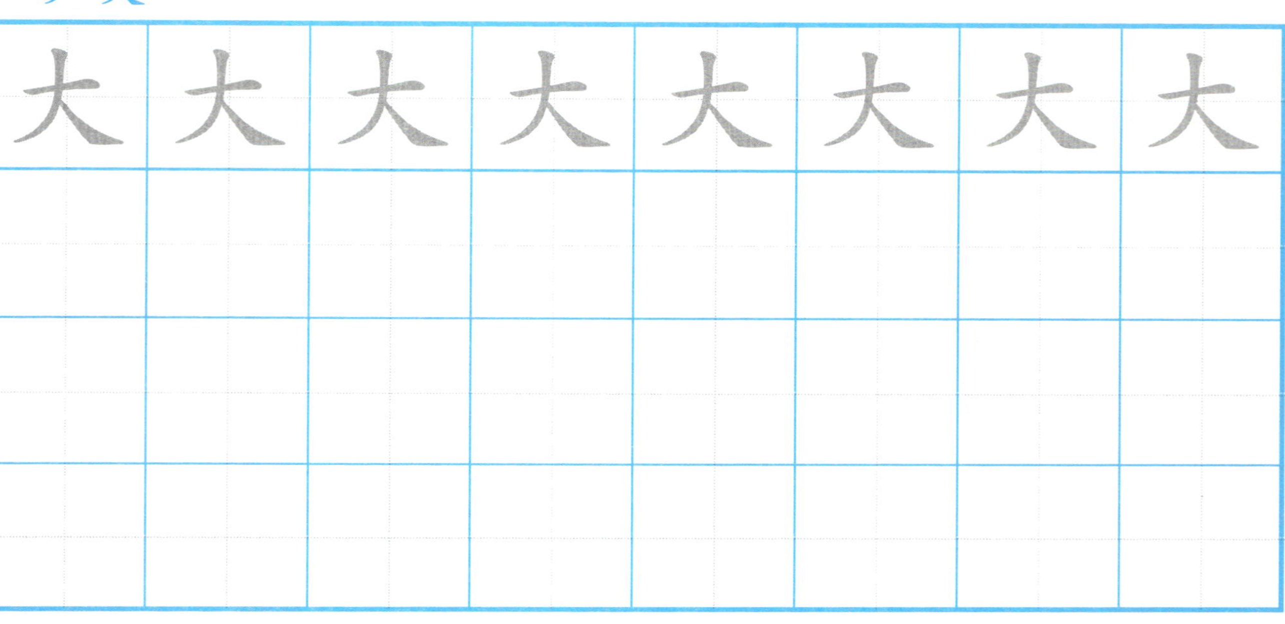

동녘 동

부수 : 木(나무 목)
획수 : 총 8획

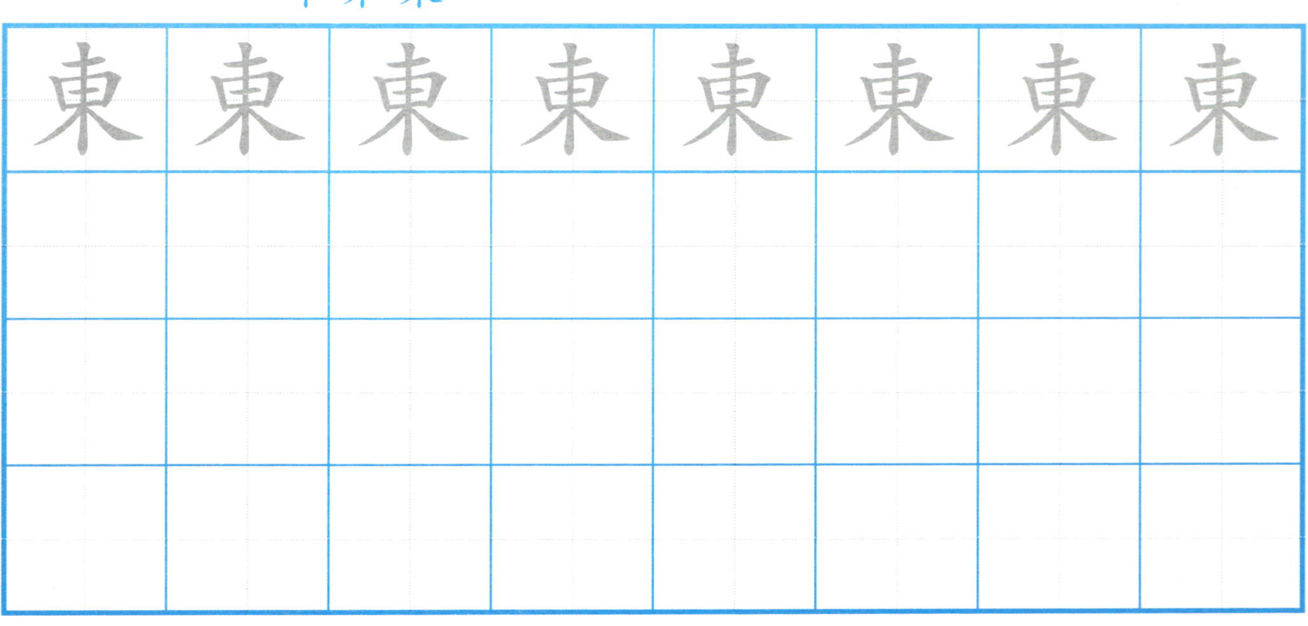

여섯 륙

부수 : 八(여덟 팔)
획수 : 총 4획

一 十 廾 艹 艹 芇 苩 苜 苜 萬 萬 萬 萬

萬

일만 **만**

부수 : 艹(艸)(초 두)
획수 : 총 13획

萬 萬 萬 萬 萬 萬 萬 萬

ㄴ 口 母 母 母

母

어미 **모**

부수 : 毋(말 무)
획수 : 총 5획

母 母 母 母 母 母 母 母

一 十 才 木

木

나무 **목**

부수 : 木(나무 목)
획수 : 총 4획

木 木 木 木 木 木 木 木

門

문 **문**

부수 : 門(문 문)
획수 : 총 8획

民

백성 **민**

부수 : 氏(각시 씨)
획수 : 총 5획

民 民 民 民 民 民 民 民

白

흰 **백**

부수 : 白(흰 백)
획수 : 총 5획

배정한자(配定漢字) 쓰기

ノ ハ ク 父

아비 **부**

부수 : 父(아비 부)
획수 : 총 4획

父	父	父	父	父	父	父	父

丨 ㅓ ㅕ 北 北

北

북녘 **북**

부수 : 匕(비수 비)
획수 : 총 5획

北	北	北	北	北	北	北	北

丨 冂 冂 四 四

넉 **사**

부수 : 口(큰입 구)
획수 : 총 5획

四	四	四	四	四	四	四	四

山

메 산

부수 : 山(메 산)
획수 : 총 3획

丨 凵 山

三

석 삼

부수 : 一(한 일)
획수 : 총 3획

一 二 三

生

날 생

부수 : 生(날 생)
획수 : 총 5획

丿 𠂉 𠂒 牛 生

一 丅 襾 襾 西 西

西

서녘 **서**

부수 : 襾(덮을 아)
획수 : 총 6획

西	西	西	西	西	西	西	西

丿 𠂉 ⺧ 生 𠂒 先

先

먼저 **선**

부수 : 儿(어진사람 인)
획수 : 총 6획

先	先	先	先	先	先	先	先

亅 小 小

小

작을 **소**

부수 : 小(작을 소)
획수 : 총 3획

小	小	小	小	小	小	小	小

丨 𠃌 水 水

水

물 수

부수 : 水(물 수)
획수 : 총 4획

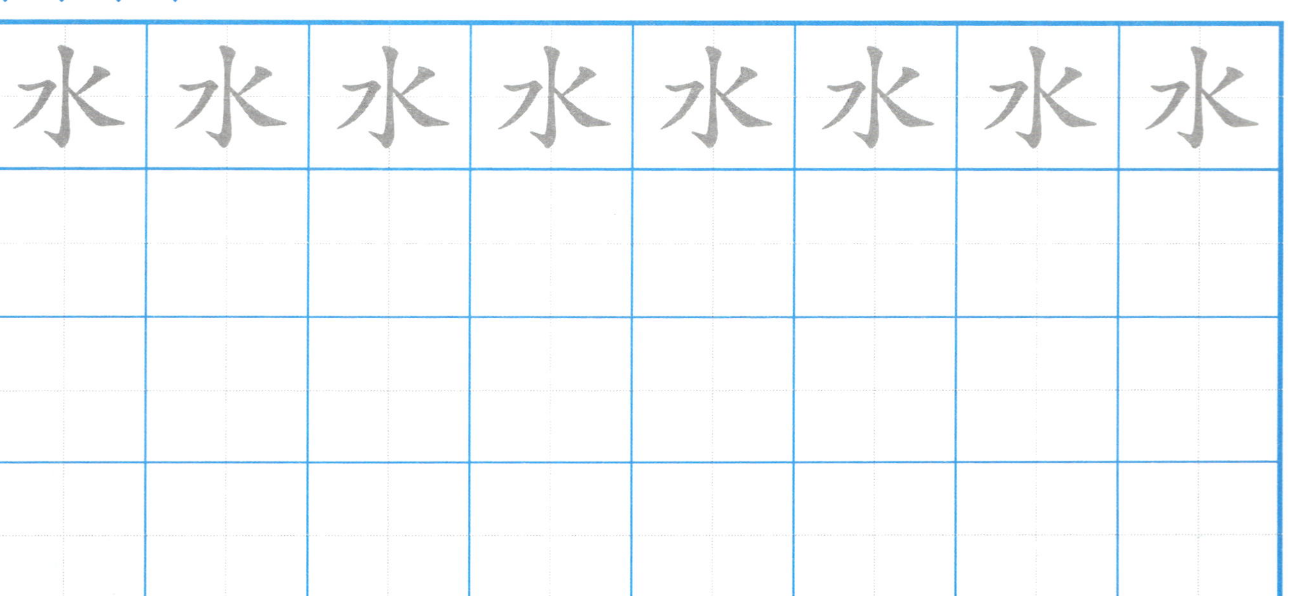

丶 丶 宀 宀 宀 宀 宀 宀 室

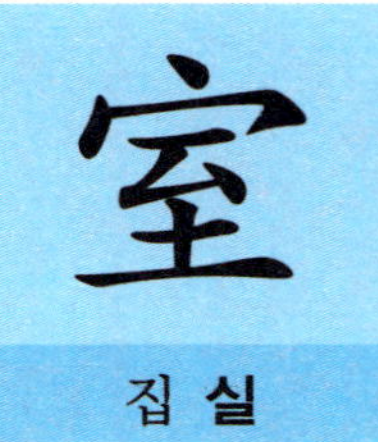

室

집 실

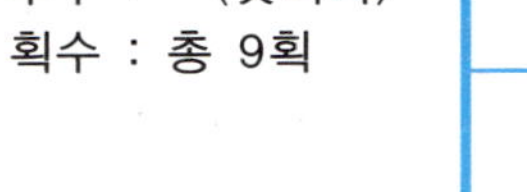

부수 : 宀(갓머리)
획수 : 총 9획

一 十

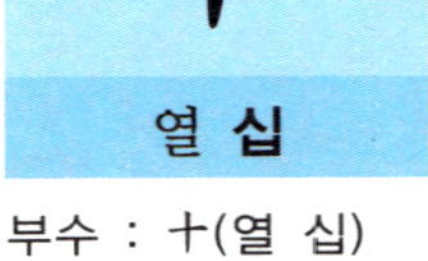

十

열 십

부수 : 十(열 십)
획수 : 총 2획

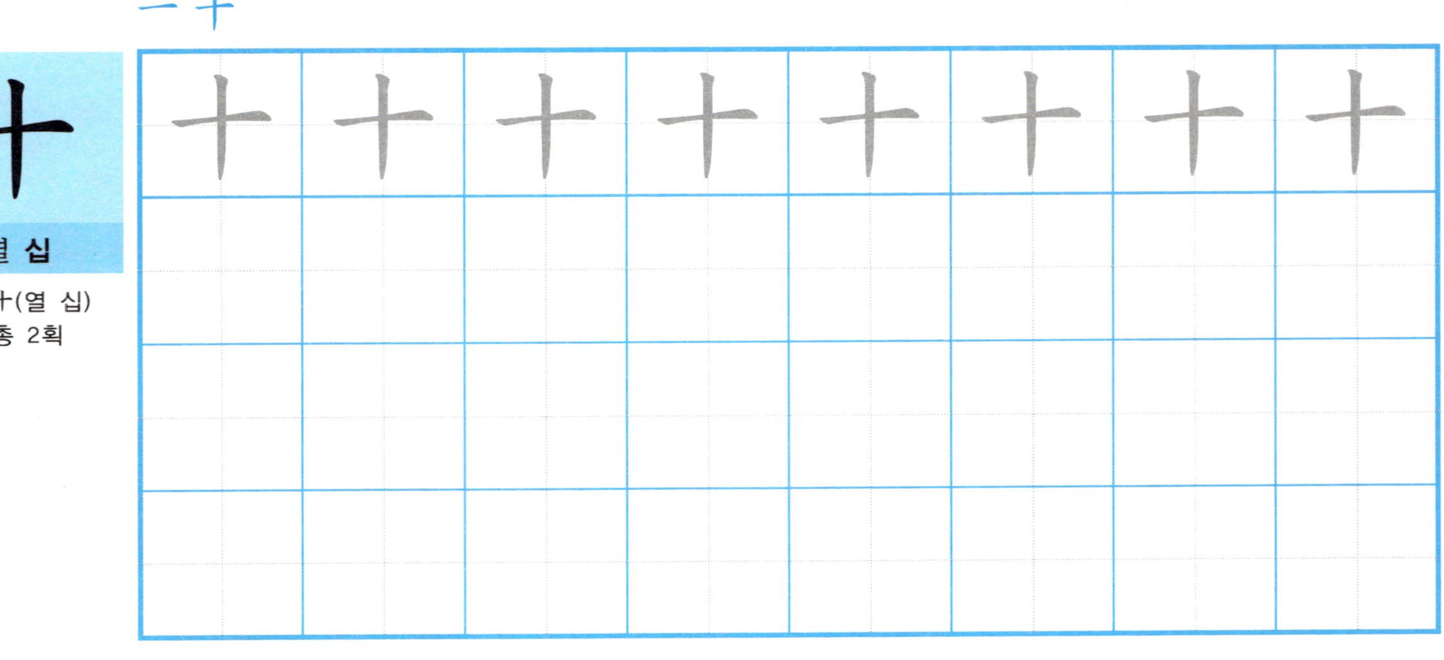

一 丅 五 五

五

다섯 **오**

부수 : 二(두 이)
획수 : 총 4획

五	五	五	五	五	五	五	五

一 二 干 王

王

임금 **왕**

부수 : 王(임금 왕)
획수 : 총 4획

王	王	王	王	王	王	王	王

丿 ク 夕 夕l 外

外

바깥 **외**

부수 : 夕(저녁 석)
획수 : 총 5획

外	外	外	外	外	外	外	外

배정한자(配定漢字) 쓰기

丿 冂 月 月

月

달 **월**

부수 : 月(달 월)
획수 : 총 4획

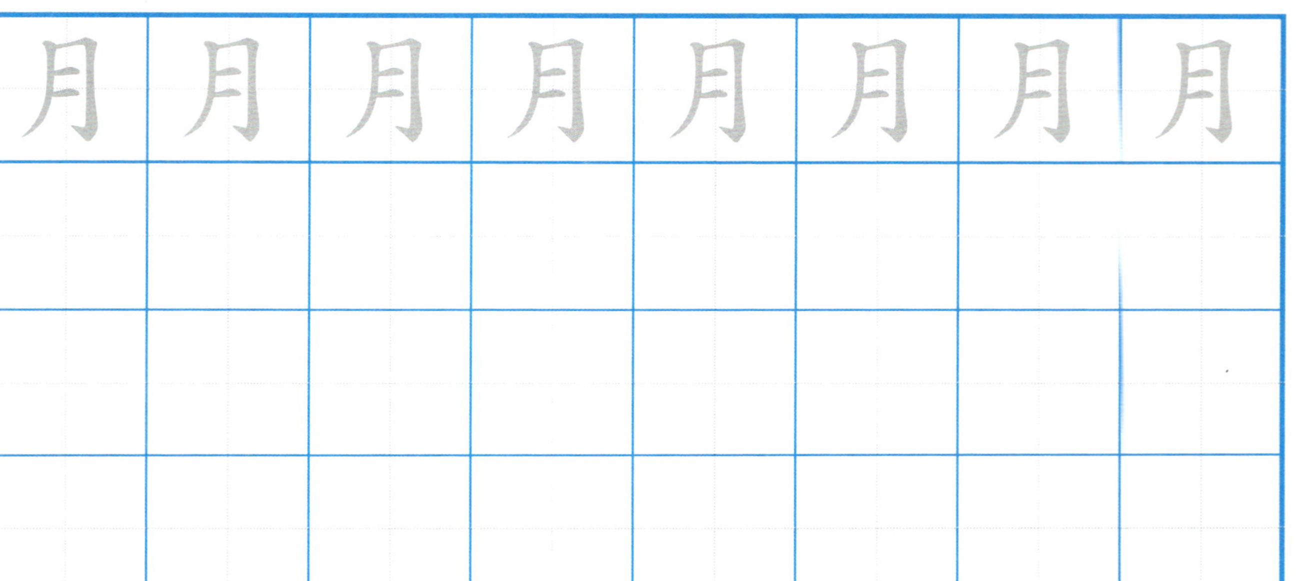

一 二

二

두 **이**

부수 : 二(두 이)
획수 : 총 2획

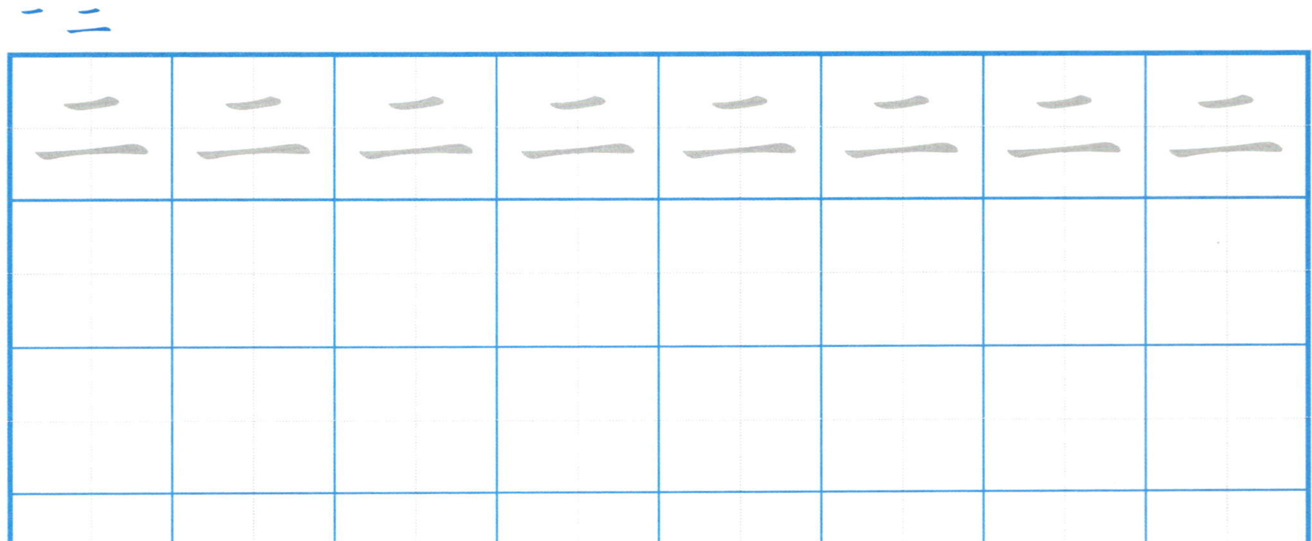

丿 人

人

사람 **인**

부수 : 人(사람 인)
획수 : 총 2획

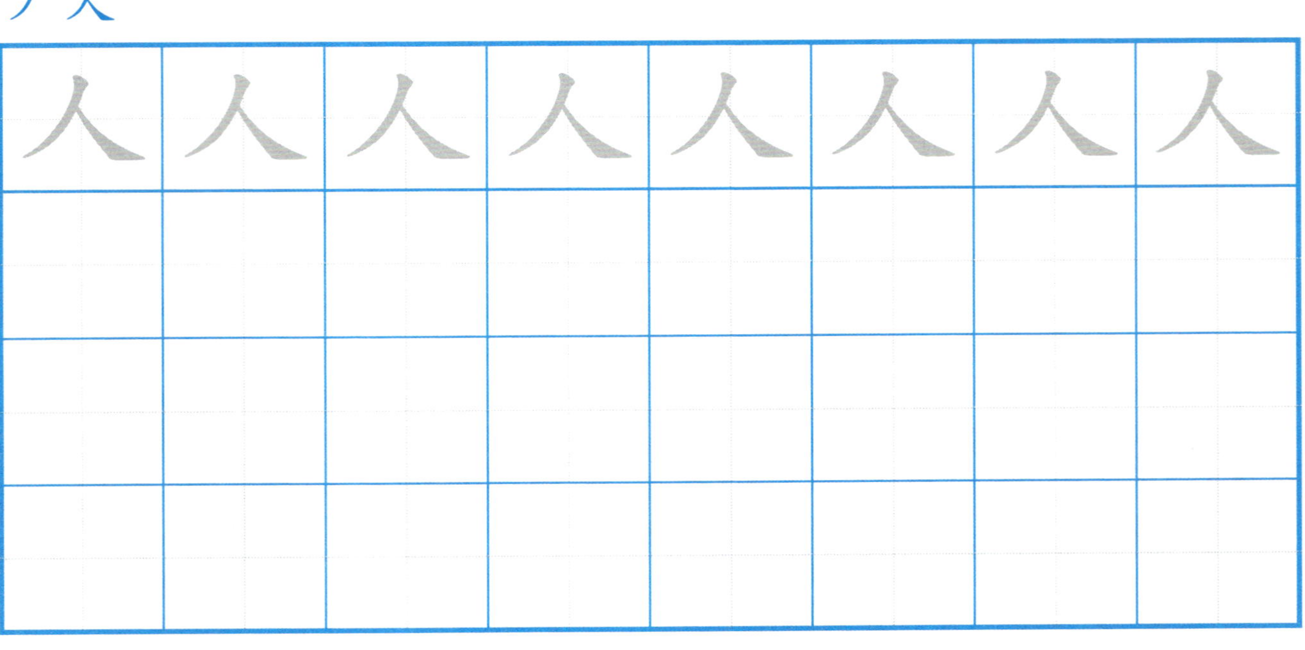

배정한자(配定漢字) 쓰기

丨 冂 日 日

日

날 **일**

부수 : 日(날 일)
획수 : 총 4획

日	日	日	日	日	日	日	日

一

一

한 **일**

부수 : 一(한 일)
획수 : 총 1획

一	一	一	一	一	一	一	一

一 𠂇 F F 𠀐 镸 長 長

長

긴 **장**

부수 : 長(긴 장)
획수 : 총 8획

長	長	長	長	長	長	長	長

丶 丷 䒑 䒑 弓 弔 弟

弟

아우 **제**

부수 : 弓(활 궁)
획수 : 총 7획

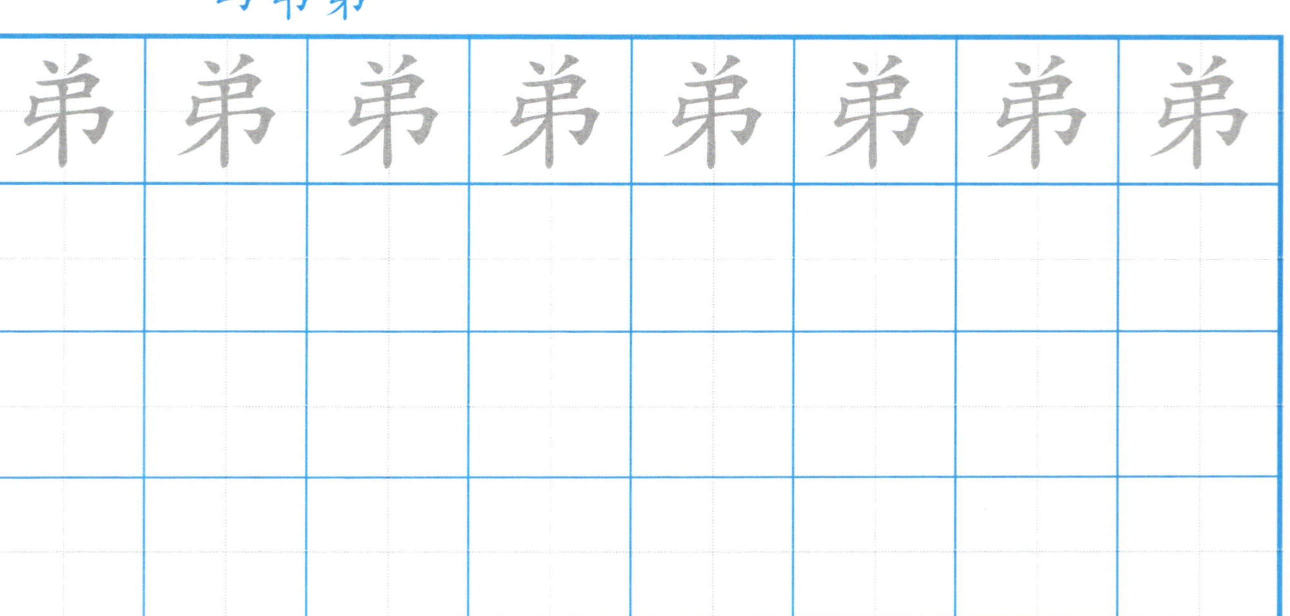

丨 冂 口 中

中

가운데 **중**

부수 : 丨(뚫을 곤)
획수 : 총 4획

一 二 キ 丰 丰 青 青 青

青

푸를 **청**

부수 : 青(푸를 청)
획수 : 총 8획

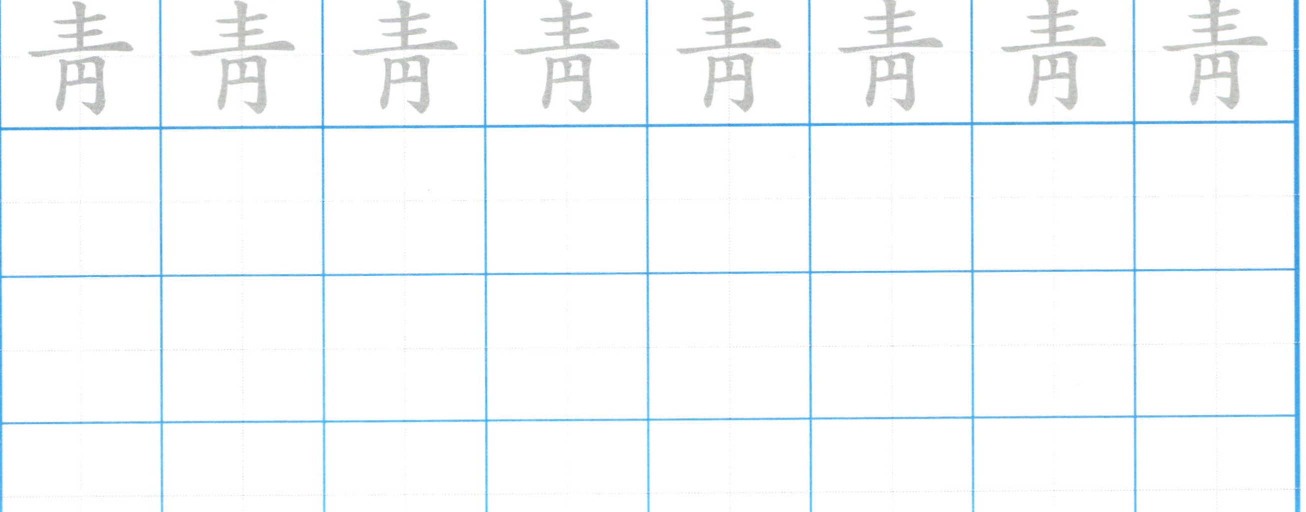

마디 **촌**

부수 : 寸(마디 촌)
획수 : 총 3획

一 七

일곱 **칠**

부수 : 一(한 일)
획수 : 총 2획

一 十 土

흙 **토**

부수 : 土(흙 토)
획수 : 총 3획

八

여덟 **팔**

부수 : 八(여덟 팔)
획수 : 총 2획

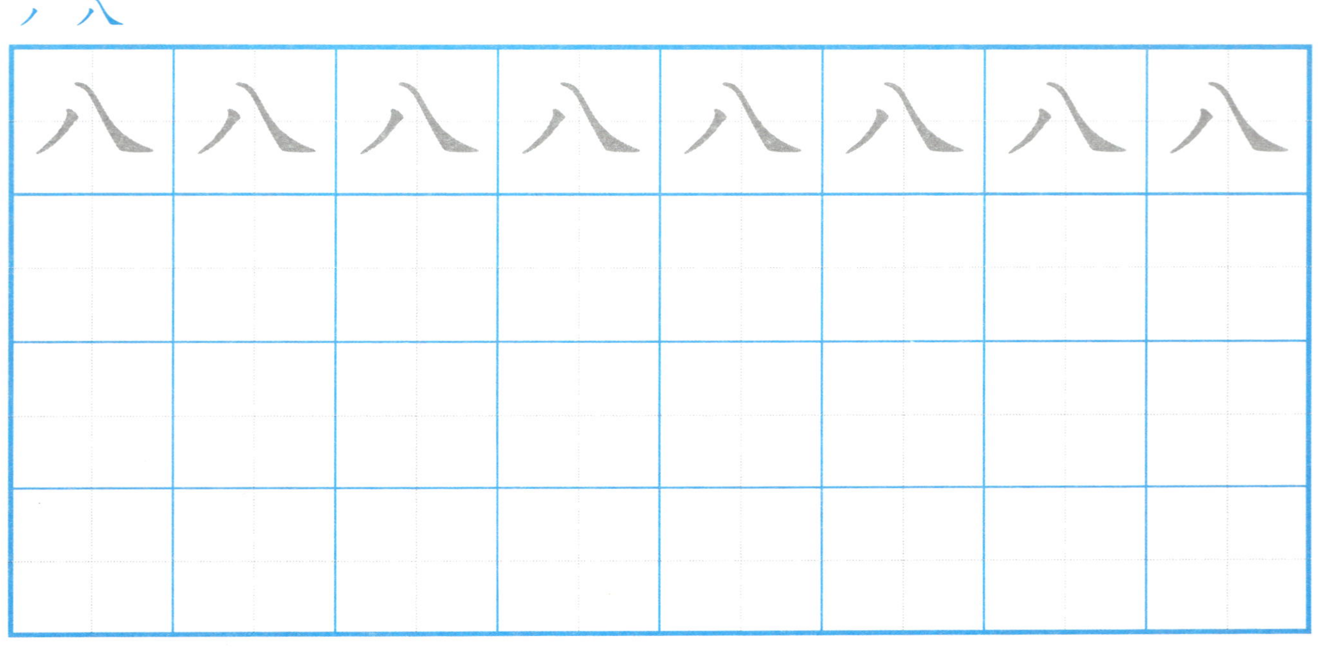

學

배울 **학**

부수 : 子(아들 자)
획수 : 총 16획

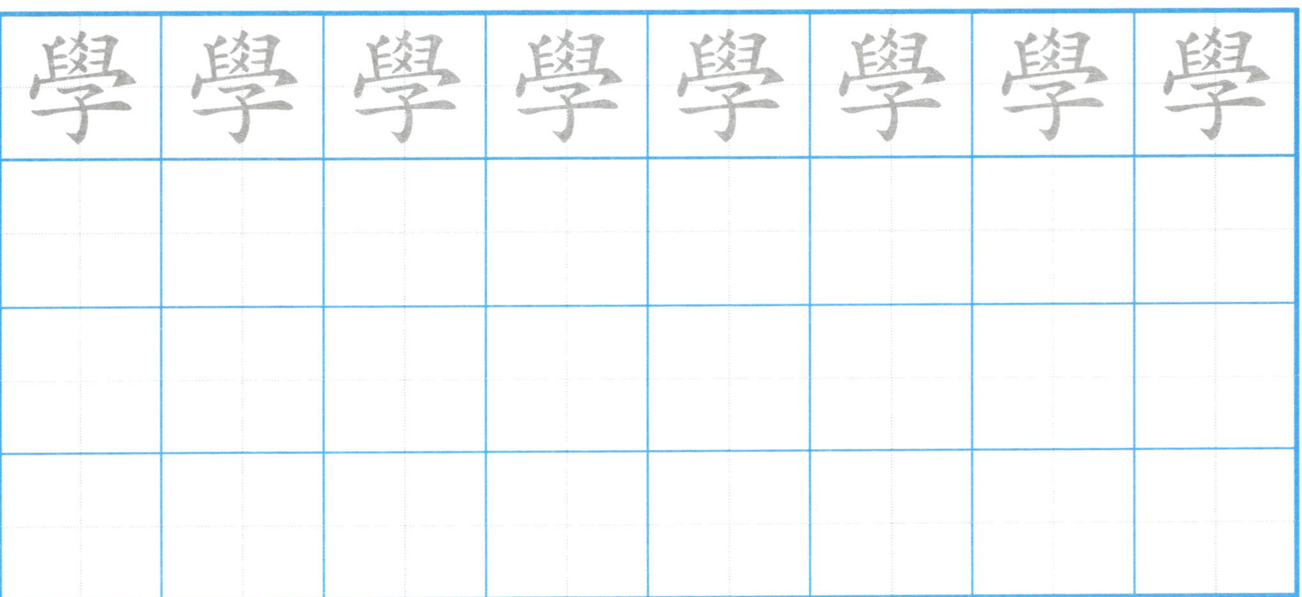

韓

한국 **한**

부수 : 韋(가죽 위)
획수 : 총 17획

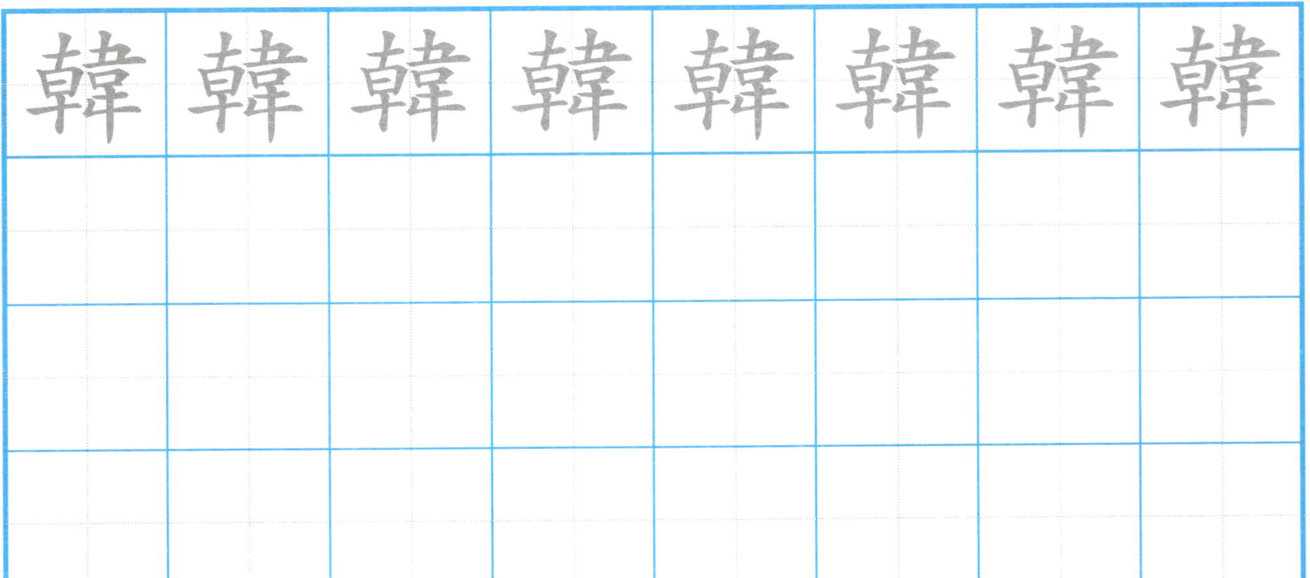

丶 ㄇ 口 尸 兄

兄

형 형

부수 : 儿(어진사람 인)
획수 : 총 5획

兄	兄	兄	兄	兄	兄	兄	兄

丶 丷 火 火

火

불 화

부수 : 火(불 화)
획수 : 총 4획

火	火	火	火	火	火	火	火

한자능력검정시험

기출 · 예상문제집 8급

발 행 일 | 2026년 7월 20일
발 행 인 | 한국어문한자연구회
발 행 처 | 한국어문교육연구회
주　　소 | 경기도 남양주시 다산순환로 20 B동 3층 34호(다산현대 프리미엄캠퍼스몰)
전　　화 | 02)332-1275, 031)556-1276
팩　　스 | 02)332-1274
등록번호 | 제313-2009-192호
I S B N | 979-11-91238-92-1　13700

정가 15,000원

공|급|처

T. 02-332-1275, 1276 | F. 02-332-1274
www.skymiru.co.kr

한자능력검정시험

기출 · 예상문제집